De La famille Plouffe à La petite vie

Les Québécois et leurs téléromans

Jean-Pierre Desaulniers

Musée de la Civilisation

Fides

Cet ouvrage a été réalisé à l'occasion de l'exposition
Téléromans présentée au Musée de la civilisation
à Québec, du 11 décembre 1996 au 8 février 1998
et commanditée par Trust et Banque Laurentienne.

Sa publication a été rendue possible grâce à la participation financière du ministère du Patrimoine canadien dans le cadre du Programme des études canadiennes.

Sous la direction de
Marie-Charlotte De Koninck

Auteur
Jean-Pierre Desaulniers

Collaboration
Véronique Nguyên-Duy
Sylvie Brunelle

Recherche iconographique
Monique Lippé

Assistance technique
Guylaine Montagnon

Conception graphique
Norman Dupuis

Infographie
Marc Brazeau
Norman Dupuis

Coordination à l'édition
Pauline Hamel

Pelliculage
Compelec

Impression
Imprimerie Richard Vézina

Données de catalogage avant publication (Canada)

Vedette principale au titre :

Le téléroman

(Images de sociétés ; 2)
Comprend des réf. bibliogr.
Publ. en collab. avec : Musée de la civilisation
Ouvrage réalisé à l'occasion de l'exposition Téléromans présentée au Musée de la civilisation de Québec du 11 déc. 1996 au 8 févr. 1998.

ISBN 2-7621-1937-5

1. Téléromans - Québec (Province) - Histoire et critique. 2. Belles histoires des pays d'en haut (Émission de télévision). 3. Famille Plouffe (Émission de télévision). 4. Survenant (Émission de télévision). 5. Télévision - Émissions - Québec (Province). I. Desaulniers, Jean-Pierre, 1946-   . II. De Koninck, Marie-Charlotte, 1941-   . III. Musée de la civilisation (Québec). IV. Collection.

PN 1992.8.S4T44 1996   791.45'6   C96-941323-8

Dépôt légal : quatrième trimestre 1996
Bibliothèque nationale du Québec

© Musée de la civilisation, 1996

Le Musée de la civilisation est subventionné par le ministère de la Culture et des Communications du Québec.

Les Éditions Fides bénéficient de l'appui du Conseil des Arts du Canada et de la Société de développement des entreprises culturelles (SODEC).

Avant-propos

Quelle famille ne s'est pas réunie devant le petit écran pour «suivre» l'histoire d'une autre famille, parfois proche, parfois lointaine, mais toujours familière ? Quelle Québécoise ne s'est pas enroulée frileusement dans un châle ou une couverture de laine pour braver les saisons froides en compagnie des personnages de son téléroman préféré ? Quel mari ne s'est pas aventuré à jeter un coup d'œil, de plus en plus intéressé et prolongé, à l'émission-de-sa-femme ? Qui n'a pas été pris aux propos de collègues ou d'amis relatant les aventures d'un héros de la veille comme s'il s'agissait d'une histoire vraie ? L'écoute des téléromans est un phénomène social. On l'a suffisamment dit, je n'ai pas à le répéter. Mais au-delà des évidences, que nous proposent les téléromans ? Pourquoi les regarde-t-on avec tant d'avidité et de plaisir ? Par quel truchement prosaïque réussissent-ils à créer la convivialité et l'intimité ?

On a décrié le nombre d'heures passées devant la télévision. On a parlé d'un phénomène québécois à propos des extraordinaires cotes d'écoute de certains téléromans, genre télévisuel le plus populaire au Québec. Un exemple suffit à confirmer la réalité de cette interprétation : le 31 janvier 1991 la moitié de la population du Québec suivait les péripéties d'Émilie et d'Ovila, des Filles de Caleb. *On pourrait ajouter que les neuf émissions ayant remporté les records absolus de cotes d'écoute dans l'histoire de la télévision québécoise sont... des téléromans ! À l'étonnement de plusieurs, les Québécois se démarquent de leurs voisins anglophones, au moins, par deux comportements comptabilisables : leur très forte participation aux élections, du moins à certaines d'entre elles, et l'écoute généralisée d'émissions de télévision choisies ! On me dira qu'il n'y a rien de commun entre ces deux épiphénomènes. Peut-être, mais j'aurais tendance à y voir l'indice d'une société qui s'accorde sur l'évaluation de l'intérêt à porter à certains événements, dont les téléromans.*

C'est un peu ce qui nous a poussés à mettre au programme du Musée de la civilisation une exposition sur les téléromans. L'ouvrage qui suit en est le prolongement. Le Musée, j'aime à le dire, a la passion de connaître et de comprendre. Pourquoi le téléroman provoque-t-il un tel engouement ? Qu'a-t-il à nous dire ? Quel sens peut-on en retirer ? La lecture que nous vous proposons se rapproche de l'essai. Il s'agit d'une interprétation de ce phénomène littéraire et télévisuel québécois à travers les personnages types. Comme toute typologie elle est perfectible, mais telle qu'elle se présente, elle nous fournit le profil de l'évolution des grandes questions sociales véhiculées au Québec au cours des quarante dernières années.

ROLAND ARPIN
directeur général du Musée de la civilisation

Préface

Je ne m'étais jamais vraiment interrogé sur le succès que remportent les téléromans québécois, trop occupé sans doute, depuis plus de quarante ans, à en «faire» à travers des premiers rôles et des rôles de soutien. Pourtant, de La famille Plouffe à Sous un ciel variable, il y a pour moi tout un chemin ponctué de souvenirs impérissables et de grandes émotions.

L'HÉRITAGE (1987-1990). Gilles Pelletier. (Photo : TV Hebdo).

Après l'époque des feuilletons diffusés à la radio, j'ai connu l'extraordinaire explosion de créativité artistique et culturelle qu'a provoquée l'arrivée de la télévision. Du coup, on a «déménagé» les œuvres radiophoniques avec la plupart de leurs interprètes au petit écran. C'est ainsi que je me suis retrouvé à jouer le rôle de Denis Boucher, dans les Plouffe, et à participer au tout premier téléroman. La première émission a été fracassante: un texte de Roger Lemelin réalisé par Jean-Paul Fugère, dans un découpage serré d'images qui se succédaient à un rythme haletant. Du jamais vu! De la télévision comme il ne s'en faisait nulle part ailleurs! Et c'était à nous. C'était chez nous! L'engouement du public a été immédiat. Du jour au lendemain, tout le Québec est entré dans la famille Plouffe.

Puis, j'ai incarné le capitaine Aubert dans Cap-aux-sorciers. Tempêtes, naufrages, échouements: tout était réalisé en studio. Aucun tournage extérieur. Il fallait nous voir, nous les acteurs, affronter les dangers du direct. Le cœur battant, nous plongions dans le torrent pour en émerger, une heure plus tard, vidés, heureux. Ça avait marché! C'était la magie du direct, mais, surtout, la

LA VIE PROMISE (1983-1985). Monique Lepage et Gilles Pelletier. (Photo: Société Radio-Canada).

beauté du risque! Rien à voir avec les tournages qui ont suivi. Dans Rue de l'anse, *par exemple, les extérieurs étaient tournés en Gaspésie. Nous disposions d'un vrai bateau, La Gentille, qui voguait pour de vrai sur la vraie mer. Pourtant, j'ai l'impression d'avoir mieux senti le nordet et l'air salin, d'avoir mieux essuyé le crachin des vagues, à bord du Saint-Prime, dans le décor en studio de* Cap-aux-sorciers.

Quant à l'époque vidéo, elle me laisse tout de même de bons souvenirs. Je pense à L'héritage de Victor-Lévy Beaulieu. *L'interprétation de Xavier Galarneau exigeait le même engagement, la même rigueur que celle des grands rôles du répertoire tragique. La densité du texte, le pouvoir évocateur des mots, leur force explosive rappelaient Sophocle, Racine ou Shakespeare. Et les téléspectateurs ont aimé, comme ils aiment toujours retrouver, de semaine en semaine, les personnages qu'ils perçoivent comme des membres de leur famille. Qu'ils vivent des situations dramatiques ou périlleuses, comme*

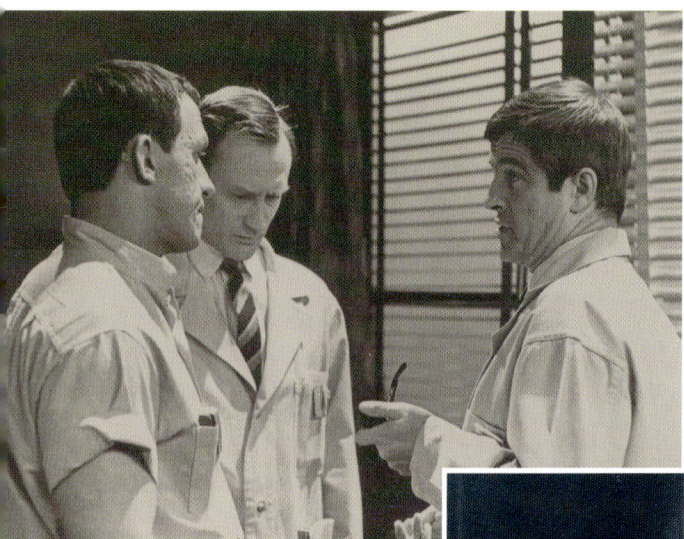

Septième nord
(1963-1967).
Jacques Godin,
Jean-Louis Roux
et Gilles Pelletier.
(Photo: André Le Coz,
Société Radio-Canada).

Cap-aux-sorciers (1955-1958).
Françoise Graton et Gilles Pelletier.
(Photo: collection privé).

dans Lance et compte, *ou qu'ils racontent leurs peines, leurs souffrances ou leurs joies quotidiennes, comme dans* Sous un ciel variable, *le public leur reste fidèle. Pourquoi? C'est là le secret des téléromans québécois.*

GILLES PELLETIER
comédien

Introduction

En 1974, l'UNESCO avait mandaté un sociologue scandinave, Tapio Varis, pour réaliser le premier répertoire mondial des émissions de télévision, pays par pays. À la page consacrée au Québec, un tableau indique un nombre démesuré d'heures pour les séries dramatiques, comparativement au reste du monde. Tellement, que ce sérieux sociologue a senti le besoin d'inscrire une petite note au bas de la page disant que les résultats étaient bel et bien exacts, que ce n'était pas lui qui faisait erreur!

Ce n'est donc pas d'hier qu'on se pose des questions sur le succès des téléromans au Québec.

Et si vous-même vous ne vous posez pas cette question, vous êtes aussi une exception. Car tout le monde s'interroge. La faible densité de population francophone canadienne ne permettrait pas normalement d'avoir jour après jour, semaine après semaine, année après année, autant de séries dramatiques produites ici et destinées uniquement à la télévision d'ici. Pour les étrangers, ça tient carrément du mystère. Il semble bien que ce soit devenu une presque «seconde nature» chez nous. À chaque automne, peu à peu, on se laisse prendre; on va «zieuter» les derniers-nés ou le retour des anciens, comme si on espionnait des voisins. Puis, on adopte «ses» téléromans et on y revient chaque semaine. Cette curiosité malicieuse de regarder de l'autre côté de la clôture se transforme en petit plaisir hebdomadaire. Le succès du téléroman tient sans doute à cette tentation à laquelle chacun de nous cède fidèlement.

«Popa» et «Moman» vivent dans un quartier populaire. Parents de quatre enfants, Rénald, Thérèse, Rod et Caro qui sont maintenant adultes, ils ont le temps non seulement de penser à leurs problèmes, mais de s'en créer d'autres. Les événements que vivent les personnages de La petite vie ne sont pas différents de ceux que nous vivons, ils sont tout simplement plus gros, plus dramatiques, plus pathétiques.

LA PETITE VIE (1993-1996). Comédiens: (de gauche à droite) Serge Thériault, Bernard Fortin, Marc Labrèche, Josée Deschênes, Guylaine Tremblay, Diane Lavallée, Marc Messier, Claude Meunier. (Photo: Michel Tremblay, Avanti Ciné Vidéo).

Et voilà qu'on aboutit à des records d'écoute faramineux comme l'ont été ceux de *La petite vie* encore récemment. Mais que cherchons-nous là-dedans? Qu'est-ce qui nous attire? Quelle satisfaction en retirons-nous?

Bien sûr, nous ne regardons pas tous les mêmes téléromans, ni pour les mêmes raisons, ni avec le même agrément. Les situations complètement loufoques de *La petite vie* n'ont rien à voir avec les suspenses d'*Omertà*. Mais nos différents intérêts ne rejoignent-ils pas un certain fond caché, une sorte d'ingrédient de base commun à tous les téléromans produits au Québec? Et si c'était simplement une folie passagère, nous nous creuserions les méninges pour rien. Mais ça dure depuis presque cinquante ans, sans relâche.

Sans aucun signe de lassitude. Toujours le même courant de fond qui nous atteint chaque année, en même temps que le départ des canards pour le Sud, et que nous mettons en veilleuse seulement quand ils réapparaissent dans le ciel printanier.

En un demi-siècle, nous avons connu bien des modes, bien des mouvements de société, de nombreux changements de valeurs. Et le téléroman a survécu à tout cela. La popularité des téléromans ne tient donc pas à l'une ou l'autre série dramatique, ni à une saison particulièrement riche, mais à cette continuité indéfectible année après année, à l'établissement d'une tradition très vivante et fertile. Mais qu'y a-t-il derrière le téléroman qui le maintienne en vie et en santé après tant d'années ?

Pour répondre à cette question, nous devons retourner dans l'histoire du téléroman depuis ses tout débuts. Partons donc faire enquête, fouillons les origines des téléromans et remontons progressivement dans l'histoire à la recherche d'un bonheur qui, pour une fois, n'est pas perdu…

Le directeur de l'escouade de lutte contre le crime organisé est victime d'un attentat, ce qui déclenche aussitôt une vaste opération afin de neutraliser le parrain de la pègre locale, Giuseppe Scarfo. On le voit ici en discussion avec l'agent Pierre Gauthier.
OMERTÀ *(1996).* Comédiens: Dino Tavarone, Michel Côté. (Photo: Société Radio-Canada).

À chaque épisode, Basile se met les pieds dans les plats à cause de son ami Fabien, de sa femme Alice ou de sa belle-mère. On rit ici des situations invraisemblables que vivent les personnages de cette comédie de situation, la première du répertoire québécois.

Cré Basile! (1965-1970). Comédiens: Olivier Guimond, Denis Drouin. (Photo: Réseau TVA).

1 Quand le changement
devient une nécessité

Depuis quelques jours, les quelques milliers de nouveaux propriétaires de téléviseurs regardent à travers un nuage de neige la figure immobile d'un Indien placide. Subitement, l'image se met à bouger et une voix retentit : «This is CBC, Ici Radio-Canada». Nous sommes le 6 septembre 1952. Enfin! La «tivi» est arrivée...

La télévision existait en fait depuis 1936 aux États-Unis et en Grande-Bretagne. Elle avait fait un malheur à l'Exposition universelle de New York en 1939. Puis subitement elle s'était éteinte : black-out indéfini. On craignait que les grandes tours et les ondes servent trop facilement de repères aux bombardiers allemands. Et puis, effort de guerre exige... Mais à la sortie de cet enfer, tout le monde l'attend. Tout le monde la voit comme «la grande récompense» après avoir traversé cette épreuve, cette horreur.

Les années 1950 : l'ONU, la bombe atomique et la télévision... Le monde ne sera plus jamais le même. Et si on ne pouvait pas louer son siège à l'ONU, ni s'emparer d'une bombe, on pouvait au moins s'acheter «une télévision». On la préférait même à l'automobile ou au chauffe-eau, tellement elle devenait le signe de la modernité, d'une nouvelle société, celle de la consommation, comme on la qualifiera plus tard.

Mais au Québec, les changements tardent. Le clergé, appuyé par le régime politique en place, conserve sa mainmise sur l'éducation et la culture. Les curés rejettent toujours l'introduction de nouvelles valeurs, plus urbaines, plus démocratiques, plus ouvertes sur l'avenir. Ils se réfugient dans une vision passéiste, rurale et profondément catholique. Au point où le Canada français est alors qualifié d'Espagne d'Amérique (l'Espagne de Franco s'entend...).

Mais certains séminaristes développent une toute nouvelle vision du monde, reliée aux mouvements de décolonisation, à une acceptation de la science et des technologies, à une nouvelle perspective économique, industrielle et commerciale. Leurs études dans les toutes nouvelles facultés de sciences sociales à l'université leur font réaliser combien le Québec est en train de «manquer le bateau» de la modernité.

Les affaires publiques et les grands événements sont présentés sur les ondes de la télévision.

On peut voir Wilfrid Lemoyne, un des animateurs de l'émission *Carrefour*, en compagnie de son invité, le chanoine Lionel Groulx, lors de l'enregistrement de l'émission du 16 avril 1959. (Photo: André Le Coz, Société Radio-Canada)

Session d'enregistrement d'une émission du radio roman Un homme et son péché, *le 16 mai 1941.* Comédiens: Hector Charland, Albert Duquesne, Estelle Mauffette. (Photo: Société Radio-Canada).

Cette jeune élite intellectuelle se réfugie au *Devoir* et à Radio-Canada («territoire fédéral» sur lequel Duplessis n'a pas d'emprise) et démarre en douce une révolution: les Canadiens français doivent s'ouvrir sur le monde et sur ses réalités. Ils doivent comprendre les enjeux de la décolonisation, de la guerre froide, de l'émergence de nouveaux continents comme les Indes, la Chine ou l'Afrique. Mais aussi, ils doivent renouveler l'image d'eux-mêmes, cesser de se voir petits, impuissants, fatalement dominés, «porteurs d'eau», «nés pour un petit pain».

Pays et Merveilles, *Point de mire*, *Carrefour* et même *Les récits du Père Ambroise*, un bloc d'émissions montrant l'étranger et la dynamique politique, font bon ménage avec *14, rue de Galais*, *La famille Plouffe*, *Le survenant*, *Toi et moi*, etc., un bloc qui traite des confrontations entre d'anciennes et de nouvelles mentalités. «Une fenêtre sur le monde» d'un côté et un «miroir» de ce que nous sommes et voulons devenir de l'autre. La naissance du téléroman n'a pas été innocente. Il avait l'apparence d'un divertissement populaire et anodin; mais en fait, il contenait les germes d'un désir social beaucoup plus profond. Tout le monde l'a vu, du moins l'a senti, mis à part l'archevêché, plus préoccupé de surveiller les téléthéâtres que ces petites saynètes désopilantes et familiales...

Le téléroman ne tient évidemment pas à une apparition spontanée. La télévision a récupéré la tradition du conte, des feuilletons dans les journaux et magazines, celle aussi des radioromans. Mais l'esprit et les intentions cachées vont avoir changé. Le téléroman deviendra le porte-parole de gens désireux de faire bouger les choses.

Sur une ferme de Sainte-Marie-des-Anges, les Jacquemin mènent une vie ponctuée de grands et de petits problèmes. Du grand-père Léandre à la petite-fille Annick, on parle de tout: les mésententes conjugales, les discordes familiales, les soucis financiers, l'éducation des enfants, la vieillesse.
TERRE HUMAINE (1978-1984). Comédiens: Marjolaine Hébert, Alain Gélinas, Sylvie Léonard, Jean Duceppe, Guy Provost. (Photo: Société Radio-Canada)

Les Roger Lemelin, Jean-Paul Fugère, Germaine Guèvremont et autres vont contribuer à renouveler l'imaginaire québécois, à le rajeunir considérablement et à lui donner un nouvel élan auprès des adultes, mais aussi et peut-être surtout auprès des «baby-boomers», ces centaines de milliers de petits cerveaux, nés en même temps que la télé. *Jeunes visages*, *Demain dimanche*, etc., des

La destinée de la famille Galarneau repose sur Xavier Galarneau qui, malgré son âge avancé, mène sa terre et ses fils d'une poigne de fer. Un seul de ses enfants a coupé tous les ponts, Myriam. Elle vit à Montréal depuis quatorze ans et ne veut plus rien savoir de son passé. Xavier Galarneau vit des conflits passionnels avec ses enfants.

L'HÉRITAGE (1987-1990). Comédiens: (de haut en bas) Sylvie Léonard, Geneviève Rioux, Amulette Garneau, Christiane Raymond, Robert Gravel, Yves Desgagnés, Aubert Pallascio, Gilles Pelletier, Nathalie Gascon, Jean-Louis Millette. (Photo: Société Radio-Canada).

téléromans directement destinés aux jeunes, doubleront presque la production des séries dramatiques et toujours avec la même intention de renouveau[1].

Dédaigné du clergé, plus préoccupé par la littérature, le théâtre et le cinéma, bref par les grandes œuvres, le téléroman a ouvert une fine brèche, en passant par la porte de derrière et par la cuisine... Mais cette introduction en douce de nouvelles perspectives va créer d'énormes remous.

Cette impulsion va sans cesse alimenter l'imaginaire québécois. Elle va créer des milliers de personnages, du plus conservateur au plus avant-gardiste, des milliers d'histoires traitant des rôles sociaux, des drames intimes de chacun et du sens de la vie. Du plus rocambolesque *(Cré Basile)* au plus tragique *(L'héritage)*, du plus intimiste *(Le parc des braves)* au plus exubérant *(Lance et compte)*, du plus réaliste *(Terre humaine)* au plus délirant *(La petite vie)*, le téléroman va devenir non seulement un genre littéraire

---

1. Pierre Gauvreau — auteur de téléromans à succès dans les années 1980 et 1990 — fut un des premiers réalisateurs à l'emploi du secteur des émissions «jeunesse» de Radio-Canada. Il se rappelle comment ses collègues et lui étaient préoccupés de meubler l'imagination des jeunes d'images de leur pays, correspondant plus à leur réalité, afin de rectifier leur perception du monde abondamment inspirée de la télévision et du cinéma américains. (Entrevue, Musée de la civilisation, printemps 1996.)

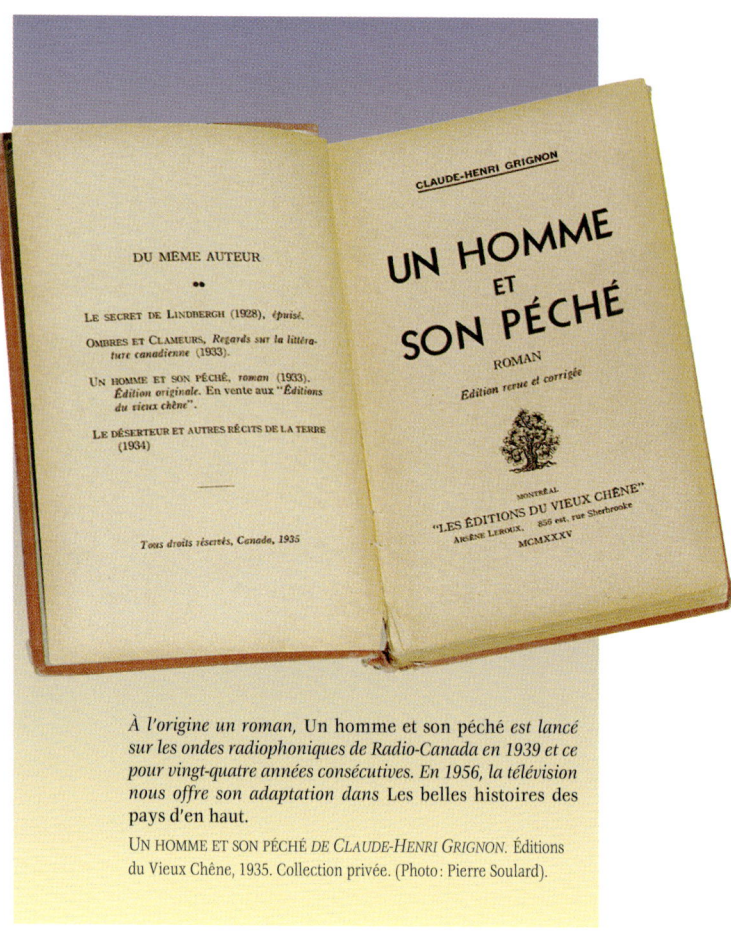

À l'origine un roman, Un homme et son péché *est lancé sur les ondes radiophoniques de Radio-Canada en 1939 et ce pour vingt-quatre années consécutives. En 1956, la télévision nous offre son adaptation dans* Les belles histoires des pays d'en haut.

UN HOMME ET SON PÉCHÉ *DE CLAUDE-HENRI GRIGNON*. Éditions du Vieux Chêne, 1935. Collection privée. (Photo: Pierre Soulard).

entier et original, mais surtout un vaste atrium social. Et toujours autour d'une seule et même question de fond: que voulons-nous devenir?

Cette fameuse impulsion de départ se retrace très bien au cœur de trois des premiers téléromans: *La famille Plouffe, Le survenant* et *Les belles histoires des pays d'en haut*. Mises ensemble, ces trois œuvres vont donner le ton et une orientation dont nous pouvons voir les suites encore aujourd'hui. Ce seront nos trois «mythes fondateurs», pour parler comme un anthropologue, dont les autres téléromans s'inspireront indirectement, mais constamment.

C'est l'histoire, au jour le jour, de familles rurales et urbaines qui vivent ensemble les mêmes événements d'après la Première Guerre mondiale, dans le beau comté de Charlevoix. Le 1er décembre 1986, plus de trois millions de téléspectateurs étaient rivés au petit écran.

LE TEMPS D'UNE PAIX (1980-1986). Comédiens: (de gauche à droite) Jean-René Ouellet, Sylvie Gosselin, Sébastien Dhavernas, Marie-Lou Dion, Daniel Gadouas, Denys Paris, Katerine Mousseau, Claude Prégent, Roger Garand, Jacques L'Heureux, Paul Dion, Yvon Dufour, Nicole Leblanc, Monique Aubry, Pierre Dufresne. (Photo: André Le Coz, Société Radio-Canada).

Une production exceptionnelle

Parce que nous sommes nombreux et fidèles à regarder les téléromans, la production de ces émissions est ici assez exceptionnelle. Si les Américains voulaient produire autant d'émissions dramatiques que nous, en proportion de leur population, ils devraient multiplier par deux fois et demie leur production actuelle.

Téléroman ou télésérie?

En 1986 commence *Lance et compte*. Une histoire qui a tout du téléroman: une émission en soirée, des épisodes chaque semaine qui nous tiennent en haleine toute une saison. Une histoire écrite par un auteur québécois, qui parle du Québec, particulièrement du hockey.

Et pourtant, *Lance et compte* est différent. Du rythme et de l'action à profusion, des images en cascade, plusieurs scènes extérieures, beaucoup de monde, une caméra vive, des images de film... Apparaît alors un nouveau genre de téléroman appelé «télésérie».

Les gens du cinéma réalisent désormais des histoires pour la télévision. Ils tournent avec une pellicule film plutôt qu'en vidéo. Ils montrent plus de lieux et de décors. Le tournage est concentré en quelques semaines plutôt que réparti sur plusieurs mois. La télésérie compte moins d'épisodes. Et surtout, elle coûte plus cher!

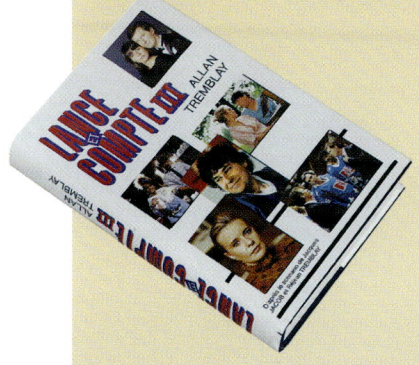

Afin de prolonger le plaisir des téléspectateurs, divers produits furent mis sur le marché suite au succès de la télésérie Lance et compte.

LANCE ET COMPTE III. Auteur: Allan Tremblay. Éditions du Club Québec Loisirs, 1989. Collection privée. (Photo: Pierre Soulard)

Coups de cœur et cotes d'écoute

Au petit écran, les téléromans demeurent nos émissions favorites. Un, deux, trois et même quatre millions de téléspectateurs... Pas étonnant que des téléromans québécois battent les records absolus de cotes d'écoute de la télévision au Canada !

Voici quelques chiffres très révélateurs*.

La petite vie	4 098 000	20 mars 1995	SRC
Les filles de Caleb	3 664 000	31 janvier 1991	SRC
Blanche	3 334 000	11 novembre 1993	SRC
Lance et compte III	3 227 000	23 mars 1989	SRC
Le temps d'une paix	3 021 000	1er décembre 1986	SRC
Scoop III	3 008 000	10 février 1994	SRC
Les Berger	2 971 000	10 janvier 1972	TVA
Entre chien et loup	2 765 000	30 octobre 1989	TVA
Symphorien	2 750 000	11 janvier 1972	TVA
Grand-papa	2 737 000	6 mars 1979	SRC
Au nom du père et du fils	2 717 000	10 mai 1993	TVA
Moi et l'autre	2 709 000	12 janvier 1971	SRC
Rue des pignons	2 708 000	30 septembre 1975	SRC
Terre humaine	2 689 000	3 février 1981	SRC
Les belles histoires des pays d'en haut	2 686 000	novembre 1962	SRC

* *15 sommets d'écoute des téléromans entre 1962 et juin 1995*, Recherche SRC, Montréal.
Sources : BBM/Nielsen

Émilie Bordeleau deviendra vite l'un des personnages les plus attachants du petit écran. Le public suivra fidèlement ses premiers pas comme enseignante, l'amour qu'elle vivra avec Ovila, la détermination avec laquelle elle élèvera ses enfants au tournant du siècle dans le village de Saint-Tite en Haute-Mauricie.

LES FILLES DE CALEB *(1990-1991).* Comédiens: Marina Orsini, Roy Dupuis. (Photo: Michel Gauthier)

Téléroman ?
Un terme typiquement québécois

Les Plouffe, une famille canadienne-française typique, habitent un quartier ouvrier. Ils vivent au rythme des événements qui transforment le Québec des années 1950.

LA FAMILLE PLOUFFE (1953-1957). Comédiens: (de gauche à droite) Émile Genest, Jean-Louis Roux, Thérèse Cadorette, Doris Lussier, Nana de Varennes, Paul Guèvremont, Pierre Valcourt, Ronald Luttrel Jr., Denise Pelletier, Roland Bédard, Amanda Alarie. (Photo : Société Radio-Canada).

Parler de téléroman, c'est se référer à des émissions de télévision qui racontent des histoires fictives mais réalistes, livrées sur un ton dramatique ou comique. Ces émissions reviennent en soirée, à jour et à heure fixes, chaque semaine. Dans de rares cas, il y a présentation quotidienne.

Il s'agit de récits découpés en épisodes dont les intrigues se terminent en un même épisode ou se poursuivent durant quelques épisodes, voire des années. Les téléromans sont écrits ou produits au Québec.

Les intrigues, qui s'étalent sur plusieurs épisodes ou sur l'ensemble du téléroman, relèvent davantage du registre dramatique. La majorité des téléromans sont ainsi. Les intrigues qui trouvent leur résolution au sein d'un seul épisode sont généralement du registre comique (*Chez Denise*, *Moi et l'autre*, *Symphorien*, *La petite vie*). Le récit type du téléroman est fait d'une intrigue principale à laquelle se noue une multitude d'intrigues secondaires.

Le style réaliste caractérise le téléroman : la cuisine, le vestibule, la patinoire, la salle de presse, la salle d'urgence, etc. Des personnages évoluent dans la mise en scène de leur quotidien et de leur univers privé, contemporain ou passé. Le téléspectateur s'identifie aux lieux, aux personnages, aux situations, qu'il reconnaît. Une apparence de naturel joue en faveur de la reconnaissance du public et de son adhésion à l'intrigue, peu importe l'époque représentée...

L'effet de réel n'est pas créé uniquement par la vraisemblance du contenu mais, à l'instar du cinéma, par le médium même qui peut si bien reproduire le visuel, le son, le mouvement et l'ambiance d'une situation.

Les premiers téléromans sont issus de romans ou encore de feuilletons radiophoniques. Viennent ensuite des œuvres écrites spécialement pour le médium télévisuel.

La statuette placée au bas de la rampe de l'escalier du vestibule de la maison de chambres de madame Sylvain, du téléroman Symphorien. *Prêt du Réseau TVA. (Photo: Pierre Soulard)*

Symphorien Laperle est concierge dans une maison de chambres de Montréal. Sous ce toit cohabitent madame Sylvain, la propriétaire, mademoiselle Lespérance, une pensionnaire, et d'autres personnages à qui il arrive mille et une péripéties.

Symphorien et ses comparses dans une scène typique de la comédie.

SYMPHORIEN *(1970-1977).* Comédiens: Juliette Huot, Gilles Latulippe, Janine Sutto. (Photo: Réseau TVA).

En 1947, plusieurs familles de Montréal passent l'été dans leur chalet de Pointe-Calumet. Les femmes y passent la semaine sans leur mari et observent la vie des paysans et des commerçants de la région. Les jeunes adultes s'amusent sans trop se soucier des contraintes d'une époque aux valeurs rigides.

BOOGIE-WOOGIE 47 *(1980-1982)*. Comédien: Marc Labrèche.
(Photo: Société Radio-Canada).

2 Un cadre de vie spécifique

Maria Chapdelaine, Aurore l'enfant martyre, Un homme et son péché, Bonheur d'occasion... l'image que les Québécois entretiennent sur eux-mêmes à la sortie de la guerre n'est pas très rose... Des destins tragiques, des personnages torturés, des vies de misère surtout en ville, des images tristes et accablantes qui ne cadrent plus avec l'esprit de renouveau qui marquera les années 1950. Pouvons-nous nous voir autrement? Moins écrasés par le destin, moins enfermés à la campagne, moins malheureux surtout. Le premier téléroman va soudainement métamorphoser cette perception.

Devant la popularité de La famille Plouffe, Radio-Canada *lance sur le marché des casse-tête.*
Vers 1955. Collection Musée de la civilisation, 88-422. (Photo: Pierre Soulard).

La famille Plouffe constitue pourtant une œuvre dramatique simple autour de personnages simples aux profils presque caricaturaux: une mère gentille, mais désarmante de naïveté, un père démissionnaire, une vieille fille avare, un fils aîné irascible et maladroit, un second fils, l'intellectuel rêveur et contestataire, et un cadet gâté et fanfaron. Apparemment, rien de très attirant. Néanmoins, ce fut une révélation, comme il en arrive rarement dans l'histoire culturelle d'une collectivité.

Les intrigues banales de cette série importent peu. Ce téléroman met avant tout en scène des personnages dans un contexte de vie de gens ordinaires. Mais ce cadre, tout en étant celui de la pauvreté, ne porte plus les stigmates du misérabilisme, de l'âpreté. Chez les Plouffe, tout le monde a ses qualités, mais aussi ses défauts. En fait chacun exprime les travers d'un type social, sans éloge excessif ni condamnation brutale. Ils sont comme cela. Pauvres et pourtant heureux. Et c'est tout ce qui compte.

Roger Lemelin désignant le quartier situé au pied de la pente douce, qui a inspiré toute son œuvre téléromanesque.
(Photo: Société Radio-Canada)

L'image des Québécois s'est transformée. On secoue le misérabilisme. Les Québécois se regardent enfin tels qu'ils s'imaginent être, sans accablement. Un élan de fierté va jaillir de cette émission, comme aucun exploit politique ou militaire n'avait su le faire. Grâce à ces personnages, tout le monde a subitement l'impression de «passer à la télévision».

Et pendant 10 ans (nous les retrouverons dans d'autres séries de Lemelin, *En haut de la pente douce* et *Le petit monde du père Gédéon*), ces personnages vont évoluer. Les enfants vont vieillir et exprimer leurs ambitions, chacun à sa manière. Ovide l'intellectuel devient haut-fonctionnaire à Québec. Napoléon reprend la boutique de plomberie de son père pour en faire une PME d'avant la lettre. Guillaume, après avoir été vedette au hockey, devient directeur d'une firme en relations publiques. Bref, les enfants vont se «sortir de la misère» et même installer leurs parents, Théophile et Joséphine, dans un bungalow de banlieue tout neuf.

Le souffle qui animait les classes populaires désireuses de passer au rang de classe moyenne se retrouve tout entier dans cette dramaturgie. En fait, les téléspectateurs ne font pas que se voir dans les Plouffe. Ils se voient aussi tels qu'ils désirent être. Subitement, cette série devient autant un miroir des conditions d'existence que des aspirations de la majorité.

La famille Plouffe va ainsi confirmer ce que tout le monde, en dehors des ultraconservateurs, ressent: il se passe des choses. Les vies de misère sont derrière nous. Le slogan politique qui apparaîtra plus tard, «Il faut que ça change», trouve déjà sa confirmation dans la vie, les drames, mais surtout les lents succès de ces personnages, leur remontée dans la modernité, leur émergence dans un Québec qui rêve d'être au diapason des autres nations.

La famille Plouffe établit tout de suite un lien concret entre les désirs de changement et les conditions réelles. Elle va donner un ton, un contexte émotif et surtout un décor symbolique privilégié : la cuisine. Les téléromans qui suivront, dépeignant la bourgeoisie (Sous le signe du lion, Septième nord, etc.), restent au salon. Mais ici la cuisine va précisément définir la frontière entre le peuple et «la haute». Des milliers de conversations devant une tasse de café ou en faisant la vaisselle, des milliers d'intrigues autour de la table centrale. Désormais changer ne veut pas dire s'embourgeoiser, mais développer une tout autre indépendance d'esprit.

Tout part donc des Plouffe et plus directement de cette cuisine où trône Joséphine.

Car le second élément marquant chez les Plouffe tient aussi en bonne partie à la «moman», à ce «Maaaaam» étiré des enfants quand ils l'appellent. C'est le caractère sentimental du téléroman. On s'aime dans les Plouffe, d'une manière simple et naturelle, mais surtout en famille. On s'aime d'un amour spontané et grégaire. Même le petit filou du groupe, Stan Labrie, trouve moyen de tout se faire pardonner et d'avoir droit à sa dose de tendresse et d'affection.

Annonce de la diffusion du téléroman La famille Plouffe *publicisée par la compagnie Player's en 1955.*
Source : Collection privée. (Photo : Pierre Soulard)

2. Mis à part *La côte de sable* dont l'action se déroule à Ottawa, tous les groupes de tous les téléromans vivent ou ont vécu au Québec. Et excepté *Kanawio*, tous ces groupes concernent très majoritairement des Canadiens français.

Pas question d'un amour déchirant et passionnel, mais un amour profond qui ne veut menacer ni exclure personne. Après presque un siècle d'autoritarisme sévère, de moralité brutale, voici que cette petite flamme se rallume. On reconnaît et avoue publiquement s'aimer toujours autant et d'une manière franche et directe. On s'aime. Probablement trop facilement, probablement d'une manière maladroite, peu importe, on manifeste son besoin des autres et le plaisir de se retrouver en famille. Bon!

Le profil très caractéristique de cette série dramatique, l'immense enthousiasme qu'elle a soulevé, vont créer une force d'entraînement à laquelle tous les autres téléromans jusqu'à aujourd'hui devront correspondre. *La famille Plouffe* devient l'étalon, la référence de base pour les autres séries[2].

Jérémie Martin, homme d'affaires au cœur de pierre, dirige l'empire familial. Son arrogance dissimule sa peur de la solitude. Tous les personnages de ce drame bourgeois ont en fait quelque chose à cacher. Haine, hypocrisie, tensions et passions animent les intrigues de ce petit monde.

SOUS LE SIGNE DU LION (1961). Comédiens: (de gauche à droite) Yves Létourneau, Madeleine Langlois, Ovila Légaré, François Guillier, Paul Hébert, Jean Coutu. (Photo: Société Radio-Canada)

Désormais, le monde se divise en deux genres: les personnages français ou américains du cinéma et des séries étrangères, et les nôtres à travers les téléromans. D'un côté, les familles de *Papa a raison*, de *La petite maison dans la prairie* ou de *Dallas* et, de l'autre, des centaines de familles issues de notre propre milieu. Il y aura eux et nous. Il y aura leur monde et le nôtre. Les limites «nationales» de l'imaginaire québécois naissaient avec le téléroman. (Ce que le Canada anglais ne connaîtra jamais dans son histoire culturelle et qui crée encore aujourd'hui un déhanchement profond dans nos compréhensions mutuelles.)

Avec les Plouffe, le Québec tout entier prend possession de son imaginaire collectif, comme d'autres peuples l'avaient auparavant fait avec la littérature ou le cinéma.

Depuis l'Indien Bill Wabo dans les *Belles histoires* jusqu'à Giuseppe Scarfo dans *Omertà*, il y aura beaucoup «d'étrangers» dans les téléromans, anglophones, Américains, immigrants, etc. Mais ils prendront place dans des environnements désormais directement «contrôlés» par des Québécois.

Voici, plus en détail, les conséquences de ce premier encadrement donné par les Plouffe.

Chantal Legault et son fils Bernard vivent dans un quartier populaire de la ville de Montréal.
On assiste aux problèmes qu'engendrent l'analphabétisme et les moyens que prennent deux familles pour s'en sortir.
GRAFFITI *(1992-1996)*. Comédiens: Louise Portal, Patrick Labbé. (Photo: Télé-Québec)

Félix Joli est propriétaire d'une goélette: La Gentille. Il habite à Belle-Rivière, en Gaspésie, avec sa femme Ange-Aimée et leur fils de 12 ans. Dans la vie de tous les jours des personnages de ce village marin, l'humour est toujours la figure de proue.
RUE DE L'ANSE (1963-1965). Comédiens: Juliette Huot, Gisèle Schmidt, Daniel Gadouas, Gilles Pelletier. (Photo: André Le Coz, Société Radio-Canada).

Une géographie et une histoire

Tout le territoire du Québec a presque été ratissé par les téléromans. Tous les modes de vie y ont été décrits: la métropole, la campagne, la banlieue, la petite ville de province, la capitale nationale. Enfin, tous les microcosmes de lieux symboliquement chargés y sont apparus, de la chambre à l'usine, du presbytère au bordel.

Les rivages de la Gaspésie *(Je vous ai tant aimé, Rue de l'anse)*, le Bas-du-Fleuve *(À cause de mon oncle, L'héritage, Cormoran)*, Charlevoix *(Cap-aux-sorciers, Le temps d'une paix)*, Québec *(En haut de la pente douce, Le parc des braves, Lance et compte)*, la Mauricie *(Les filles de Caleb, Entre chien et loup)*, Lanaudière *(Terre humaine)*, les Cantons de l'Est *(Sous un ciel variable)*, la Montérégie *(Le survenant)*, les Laurentides *(Les belles histoires des pays d'en haut)*, l'Outaouais *(La côte de sable)*, l'Abitibi *(Blanche)* ont été sillonnés. Il faut évidemment ajouter à cela Montréal, quartier par quartier (de la *Rue des pignons* dans l'Est, jusqu'à un *Paul, Marie et les autres* dans Notre-Dame-de-Grâce). Non seulement

Kanawio *raconte la vie de trois familles iroquoises au XVIIe siècle, à l'époque de la fondation d'Albany et de Montréal, au cœur des bouleversements amenés par les étrangers.*
KANAWIO *(1961-1962).* Comédiens: Roland Chenail, Hélène Loiselle. (Photo: André Le Coz, Société Radio-Canada).

l'entité québécoise a constitué un réservoir considérable d'histoires de toutes sortes, mais on a aussi procédé à un découpage régional. Cette «nation» imaginaire s'est d'elle-même répartie en «provinces».

De même, l'histoire spécifique du Québec a abondamment été mise en scène.

Après avoir connu une existence bourgeoise à l'abri des soucis, Marie Rousseau se retrouve veuve et chef de famille. Dans la ville de Québec de 1939, elle évoluera au travers d'un monde fait d'incertitudes et d'angoisses créées par la guerre.
LE PARC DES BRAVES *(1984-1988).* Comédiens: Vincent Graton, Marie Tifo, Maryse Gagné, Ghyslain Tremblay, Annie de Raiche. (Photo: Société Radio-Canada)

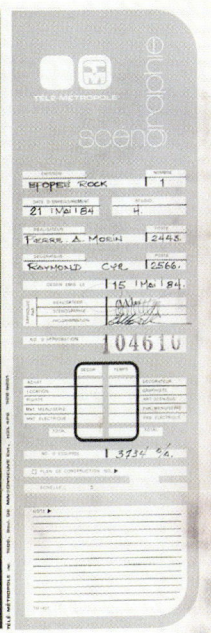

Le snack-bar d'un quartier de Montréal, dans les années 1950, sert de point de rencontre pour différents personnages: des habitués, des nouveaux venus, des visiteurs de passage et surtout Les Stardust, les membres d'un groupe rock.

ÉPOPÉE ROCK (1984-1990). Esquisse du snack-bar d'*Épopée Rock* servant à reconstituer l'époque des années 1950. Prêt du Réseau TVA. (Photo: Pierre Soulard).

La vie en Amérique avant l'arrivée des Européens (*Kanawio*), le régime français (*Les forges de Saint-Maurice*), les années entourant la conquête (*Marguerite Volant*), et tout le vingtième siècle: *Les belles histoires des pays d'en haut, Le survenant, Les filles de Caleb* pour le début du siècle, *Le temps d'une paix*, à l'entre-deux-guerres, *Le parc des braves*, pendant le conflit mondial, *Boogie-woogie 47*, pour l'après-guerre, *Épopée rock* durant les années 1950, etc.

Mais l'absence du XIXe siècle signale un «vide» éloquent. Aucune histoire, aucune épopée de cette période ne parvient à faire partie de l'imaginaire collectif du téléroman. Aucun ne traite de cette période, considérée sans doute à tort comme un temps d'endurance (l'après-conquête), de résistance (la révolte de 1837), de compromission (la confédération de 1867) et non comme une période de développement. Ce long siècle qui ne parle pas de changement, mais uniquement de ténacité, n'entre toujours pas dans cette vaste fresque de notre mythologie

Au début du siècle, après un court séjour en Nouvelle-Angleterre, la famille Bernier revient à Saint-Jean-des-Bois, petit village de la Mauricie. Le père, Joseph, est déchiré entre l'amour passionné qu'il porte à sa femme Célina et le souvenir de la vie facile qu'il a eue aux États-Unis.

ENTRE CHIEN ET LOUP (1984-1992). Comédiens: Jacques Thisdale, Marie Bégin. (Photo: Réseau TVA).

populaire. Comme quoi l'imaginaire des téléromans est toujours porté vers l'avant, même pour les périodes historiques...

1737, en Mauricie. Des ouvriers participent à la naissance de la première industrie métallurgique québécoise. En toile de fond, il y a aussi les amours difficiles d'un seigneur et d'une belle ouvrière, la vie des Indiens parmi les Blancs et le quotidien des artisans sous le Régime français.

LES FORGES DE SAINT-MAURICE (1972-1975). Comédiens: Léo Ilial, Pascal Rollin, Hélène Loiselle, Anne Dandurand. (Photo: André Le Coz, Société Radio-Canada).

Ici, les générations s'affrontent et les milieux s'opposent. Les Beauchemin ont quitté Trois-Pistoles pour aller vivre à Montréal. Mais ils arrivent à peine à joindre les deux bouts. Seul Abel, l'un des fils de Charles et Mathilde, se révolte contre les conditions de vie du monde ouvrier.

RACE DE MONDE *(1978-1981).* Comédiens: Monique Aubry, Paul Hébert. (Photo: Société Radio-Canada).

Une illustration variée du tissu social

Par la combinatoire de ces régions et périodes historiques, les téléromans ont livré une description de centaines de milieux de vie différents. Le prolétariat *(Race de monde)*, le monde ouvrier *(Cré Basile!)*, la bourgeoisie *(Filles d'Ève)*, le monde rural *(Terre humaine)*, celui du travail *(Jeux de société)* ou du sport *(Lance et compte)*, de l'école *(Chambres en ville, Virginie)*, celui de la vie de famille *(Quelle famille!)* ou de célibataires *(Moi et l'autre)*, etc.

Dans sa totalité, le téléroman est devenu un vaste panorama de l'ensemble des conditions d'existence des Québécois. Les téléspectateurs ont pu s'observer les uns les autres via leurs milieux réciproques, apprendre à connaître les contingences et styles caractéristiques de presque tous les lieux de vie.

Hommes/femmes, jeunes/vieux, pauvres/riches, autochtones/étrangers, la confrontation des motivations et ambitions de chacun de ces groupes et de leurs variantes a été articulée dans tous les sens. Confrontation entre les pauvres et les riches *(Les Moineau et les Pinson)*, entre les jeunes et les adultes *(Avec le temps)*, entre les enfants et leurs parents *(La pension Velder)*, entre les «anciens» et les «modernes» *(Cap-aux-sorciers)*, entre le monde de la maison et celui du travail *(Des dames de cœur)*, celui de l'ordre et celui de la délinquance *(Le paradis terrestre)*, entre l'hétérosexuel et l'homosexuel *(Chez Denise)* et entre, bien évidemment, l'homme et la femme *(Jamais deux sans toi)*.

Tableau de la vie quotidienne de deux familles montréalaises de statut social opposé. Les Moineau forment une famille ordinaire dont le père est chauffeur de taxi. Les Pinson, de grands bourgeois, comprennent mal que leur fils aime la fille Pinson.
LES MOINEAU ET LES PINSON (1982-1985).
Comédiens: Fernand Gignac, Rita Lafontaine, Gabriel Gascon, Gisèle Dufour. (Photo: Réseau TVA)

Quatre femmes qui approchent de la cinquantaine, épouses, mères de famille ou femmes de carrière, dont les maris travaillent dans le même cabinet de comptables. Pour trois d'entre elles, la solitude et l'insatisfaction s'installent à la suite du départ des enfants. Chacune se retrouvera devant des choix à faire pour améliorer son sort.
DES DAMES DE CŒUR (1986-1989). Comédiens: (de gauche à droite) Pierre Curzi, Michelle Rossignol, Raymond Bouchard, Andrée Boucher, Louise Rémy, Gilbert Sicotte, Michel Dumont, Luce Guilbeault. (Photo: Société Radio-Canada)

Et au cœur de ces oppositions, des milliers d'occasions pour «nouer les intrigues», les enfants qui «fument de la drogue» *(Quelle famille!)*, l'inceste *(L'héritage)*, la violence conjugale *(Des dames de cœur)*, la jalousie pathologique *(L'or du temps)* ou la passion dévastatrice *(Les filles de Caleb)*. Une fois la dynamique des conflits mise en branle, les enjeux apparaissent, les désirs de changement: Évelyne réussira-t-elle à faire comprendre à Roger qu'elle s'épanouirait davantage en allant travailler *(Des dames de cœur)*? Gagnon et Pelletier vont-ils enfin réussir à démanteler les réseaux mafieux qui tiennent la police en échec depuis des lustres *(Omertà)*?

Un nombre incalculable de situations reprend symboliquement à chaque semaine des drames analogues à la vie courante ou presque. Toujours quelque chose qui cloche auquel il faut s'attaquer, toujours quelque chose à améliorer, toujours une mentalité à faire bouger.

Alain Robert parvient au poste de premier ministre de son pays. Il découvre que le pouvoir est grisant, mais aussi exigeant. Intrigues politiques, histoires d'amour et problèmes familiaux se côtoient. Figure sociale de premier plan, monsieur le Ministre en discussion avec son conseiller spécial.

MONSIEUR LE MINISTRE (1982-1986). Comédiens: Jean Duceppe, Michel Dumont. (Photo: Société Radio-Canada)

Une galerie de personnages

Beau-Blanc d'un côté, Alain Robert de l'autre, le débile et le premier ministre *(Le survenant* et *Monsieur le ministre)*. Une galerie imposante et interminable: curé, femme d'affaires, commerçant, garagiste, notaire, prostituée, gigolo, ménagère, croque-mort, mannequin, concierge, écrivain et même chien *(Quelle famille!* et *Blanche)*. Ces milliers de figures constituent désormais un vaste panthéon populaire.

Ils ont les accents caractéristiques de leurs origines québécoises, leurs jurons particuliers, des manières d'être, de se présenter, de réagir, propres à ceux qu'ils mettent en illustration. Bien campés, bien de chez nous. Joséphine Plouffe aime le «casino voleur»; Gros-Gras Salvail joue aux «dames» *(Le survenant)*; Dominique s'excite devant n'importe quel joueur de hockey *(Moi et l'autre)*; les enfants de *Quelle famille!* raffolent des «carrés aux dattes»; Dominique Duval déteste les patates bouillies *(Jamais deux sans toi)*; Thérèse se lance dans le pâté chinois *(La petite vie)*, etc. Bref, des milliers de détails révélateurs nous renvoient systématiquement à nous-mêmes et à nos caprices.

Ces personnages vont réagir de deux manières. D'abord en fonction du rôle social auquel ils sont normalement confinés: le père, la mère, l'amant, la maîtresse, le fils aîné, l'orphelin, le veuf, le patron, la secrétaire, l'ouvrier, le cultivateur, le curé, le médecin. Une panoplie extraordinaire de rôles sociaux du plus ordinaire au plus troublant: la femme proxénète *(Le paradis terrestre)*, l'adolescent handicapé *(Lance et compte)*, la princesse vaudou *(L'héritage)* ou l'hystérique violente *(Robert et compagnie)*.

Rémi Duval, comptable dans une compagnie d'assurances, est bien ancré dans ses habitudes.
JAMAIS DEUX SANS TOI I *(1977-1980)*. Comédiens: Jean Besré, Angèle Coutu. (Photo: André La Coz, Société Radio-Canada).

Horloger du plateau Mont-Royal à la retraite, Charles-Henri Lamontagne est un veuf, père de nombreux enfants. Encore énergique et autoritaire, il admet rarement ses torts et a tendance à contrôler la vie de ses enfants. Au fond, c'est par peur de s'ennuyer qu'il régente la vie de sa famille, jusqu'à ce qu'il demande en mariage une religieuse récemment sortie de sa congrégation.
GRAND-PAPA *(1976-1979)*. Comédiens: Jean Lajeunesse, Juliette Huot. (Photo: Société Radio-Canada)

Le costume aide le comédien à créer son personnage. Série de vestons portés par Mario Duquette (Michel Forget) pour la série Du tac au tac.

Prêt de la Société Radio-Canada. (Photo: Pierre Soulard).

Le patron, Louis, Geneviève et d'autres personnages colorés peuplent l'univers de l'agence Lemay. Des membres de la colonie artistique participent aussi à cette comédie où l'on prend plaisir à se moquer du «quétaine». Surtout quand il s'agit des élégants habits de Mario Duquette.

DU TAC AU TAC *(1976-1982)*.
Comédiens: Michel Forget, Christiane Pasquier, Jean-Pierre Chartrand, Roger Lebel, Véronique Le Flaguais.
(Photo: Société Radio-Canada).

Ressortent alors de nombreuses illustrations de styles de vie et de mentalités rattachées à chacun: qu'est-ce qu'être dépanneur *(Boogie-woogie 47)*, antiquaire *(Dominique)*, femme de camionneur *(Y'a pas de problème)*, comptable *(Du tac au tac)*, agent d'assurances *(Jamais deux sans toi)*, mère de famille nombreuse *(Rue des pignons)*, vieille fille *(Le survenant)*, religieuse amoureuse *(Grand-papa)*, veuve avec de grands enfants *(Le temps d'une paix)*?

En deuxième lieu, les personnages vont mettre en évidence des traits de caractère diversifiés, parfois subtils, parfois caricaturaux. Le bonasse, le fourbe, le colérique, le hargneux, le démissionnaire, mais aussi le courageux, l'honnête, le compréhensif, le leader naturel, etc.

Cet amalgame de rôles sociaux et de traits de caractère va fournir aux auditeurs une immense fresque des réactions humaines possibles, mais sans cesse campée dans un milieu familier, le leur. L'intellectuel rêveur, l'homme d'affaires ingrat, le père absent, le curé bienveillant, tout ce beau monde va désormais faire partie de la famille au même titre que le beau-frère «chialeux» ou la gentille voisine.

Des styles, eux aussi, fort variés

La tendresse familiale et la sentimentalité amoureuse propres à *La famille Plouffe* vont profondément imprégner le style téléromanesque. Ces attitudes ressortent magnifiquement dans les séries les plus appréciées: *Cré Basile!*, *Les Berger*, *Le temps d'une paix*, *Jamais deux sans toi*, *Chambres en ville*, etc.

La famille Berger mène une vie tranquille dans un quartier modeste de Montréal. Mais voilà que Ginette tombe amoureuse de Christian, le fils d'un riche homme d'affaires. Autre milieu, autres mœurs... Les valeurs s'opposent dans ce téléroman qui connaîtra une suite: Le clan Beaulieu. *Léon-Joseph Beaulieu — cet être tyrannique et imbu de lui-même — mènera les destinées des familles Beaulieu et Berger pendant plus de 12 ans.*
LES BERGER *(1970-1978).* Comédiens: (de gauche à droite) Rita Bibeau, Claudine Chatel, Monique Lepage, Daniel Roussel, Roland Chenail, Yvan Ducharme. (Photo: Réseau TVA).

Hector Potvin et Marie-Rose Séguin tombent follement amoureux l'un de l'autre et décident de vivre leur amour malgré la réprobation de leur entourage.
POIVRE ET SEL *(1983-1987).* Comédiens: Janine Sutto, Gilles Latulippe. (Photo: André Le Coz, Société Radio-Canada).

Ce qui n'empêchera pas les différents auteurs de signer des œuvres vraiment personnelles et de donner diverses colorations à des cadres de vie presque identiques. Le même milieu, celui de la pauvreté à Montréal, a connu une version plutôt romantique (*Rue des pignons*), plutôt ironique (*Cré Basile!*) et plutôt tragique (*Race de monde*). La vie de bureau fut tout aussi bien exprimée d'une manière parodique (*Du tac au tac*) que sérieuse (*Jeux de société*). Les conflits de famille ont pris des tournures parfois fort tourmentées (*L'héritage*) et parfois fort badines (*Jamais deux sans toi*).

Non seulement le Québec tout entier donne lieu à de multiples histoires, mais il permet l'émergence d'une véritable confrontation des visions des choses. Un observateur peu familier avec les téléromans développe facilement l'impression qu'ils

Le couple de Rose-Anna et Joseph-Arthur demeurera pour toujours dans la mémoire des Québécois.
LE TEMPS D'UNE PAIX *(1980-1986).* Comédiens: Nicole Leblanc, Pierre Dufresne. (Photo: André Le Coz, Société Radio-Canada).

Une jeune femme de 29 ans, mère d'une fillette de 7 ans, doit pour la première fois travailler à l'extérieur et apprendre à se débrouiller. Marisol peut compter sur quelques amies et aussi sur un oncle archéologue excentrique. Marisol finit par épouser son amour, Juan Maria.
MARISOL (1980-1983). Comédiens: Jean Coutu, Christine Lamer, Luis de Cespedes. (Photo: Réseau TVA).

La Société nationale du tourisme compte quatorze employés qui forment presque une famille. Au sein de l'entreprise se créent des amitiés, des tensions, des luttes de pouvoir et des coups de cœur.
JEUX DE SOCIÉTÉ (1988-1990). Comédiens: Élise Guilbault, Marie Michaud, Isabelle Miquelon. (Photo: Société Radio-Canada).

s'équivalent, qu'ils ne représentent qu'une vaste répétition. C'est vrai et faux à la fois. Vrai au sens où le cadre et les sentiments déployés dans les Plouffe ont tendance à se reproduire. Faux au sens où ce cadre n'a jamais restreint la puissance d'écriture des auteurs.

Les Plouffe ont permis aux auteurs de prendre le Québec tout entier comme base dramaturgique. C'est le plus grand apport de cette série et la plus grande leçon que Roger Lemelin a livrée à travers ses histoires. Quand il a entrepris sa série, Lemelin ne savait pas ce que deviendrait son monde. Il construisait son histoire au gré des commentaires des auditeurs et en fonction de sa sensibilité propre, ne se doutant pas que sa petite famille donnerait lieu à une aussi nombreuse et aussi riche descendance.

Les téléromans parlent-ils seulement de nos petites vies ?

Il est vrai que le téléroman met en scène nos vies privées, nos relations interpersonnelles, familiales ou amoureuses. La dimension sociale n'y est le plus souvent qu'esquissée.

Mais durant les années 1980, le téléroman connaît une plus grande ouverture sur la société. L'apparition de séries prestigieuses comme *Lance et compte* y est certainement pour beaucoup, mais des productions plus modestes comme *Des dames de cœur* ou *Robert et compagnie* montrent bien que cette tendance est généralisée. Ainsi, l'action des téléromans s'est progressivement déplacée vers des lieux plus explicitement collectifs. Au contexte strictement privé des cuisines, salons et chambres à coucher, se sont ajoutés les bureaux, écoles, commerces, cours de justice, arénas ou autres.

Depuis le début des années 1990, certaines productions effectuent une percée significative du côté des débats collectifs. Un nombre grandissant d'auteurs choisissent le téléroman pour aborder de front des thématiques sociales, souvent controversées et étroitement reliées à l'actualité. Qu'il s'agisse du virage ambulatoire *(Urgence)*, du multiculturalisme *(Jasmine)*, du suicide assisté *(Jamais deux sans toi* et *Scoop)*, de l'adoption par des couples homosexuels *(Scoop)* ou du sida *(Jamais deux sans toi* et *Chambres en ville)*, ces téléromans exploitent les sujets chauds de l'heure.

L'objectif plus ou moins avoué de ces téléromans nouveau genre est de promouvoir certaines causes ou attitudes. Ainsi, la série *Urgence* est censée dépeindre «les enjeux politiques, économiques, moraux et sociaux du système de santé au Québec[3]» et *Jasmine* «aborde le sujet chaud par excellence : [...] la question d'un Québec multiculturel[4]». Ceci les rend très semblables aux campagnes publicitaires visant à sensibiliser le public à la protection de l'environnement, la consommation d'alcool, la violence conjugale ou encore la prévention du sida. C'est d'ailleurs cette parenté avec le marketing social qui

---

3. Stéphane Baillargeon, «Le faux culte du vécu. *Urgence*, la nouvelle mouture du couple Tremblay-Larouche, véhicule le cliché en série», *Le Devoir*, 10 janvier 1996, p. 8.
4. Sylvie Halpern, «Le défi de Jasmine», *L'Actualité*, vol. 21, n° 2 (février 1996), p. 76.

Jasmine, c'est l'histoire d'une jeune policière de 27 ans, la première Noire recrutée par la police de Montréal. Elle mène sa vie avec audace pour construire le monde de demain. Elle défie l'ordre établi à l'intérieur même du système judiciaire.

JASMINE *(1996)*. Comédiens: Linda Malo, Julien Poulin. (Photo: Réseau TVA).

incite à les considérer comme des téléromans «sociétaux».

Les années 1980 ont introduit dans l'imaginaire québécois le mythe du gagnant. L'heure est maintenant aux bilans. À l'ambition exubérante d'un Pierre Lambert succède le réalisme désenchanté d'un directeur d'hôpital. *Québec inc.* n'aura duré que le temps de quelques aventures téléromanesques puisque aujourd'hui il ne suffit plus de vouloir pour pouvoir. Les téléromans en général sont les baromètres de ce climat de morosité et d'inquiétude. Le téléroman «sociétal», en abordant de front les enjeux sociaux, participe de façon plus active et ouverte au débat collectif.

Des sites touristiques s'inspirent des téléromans. Faut-il s'en étonner ?

Difficile de voyager au Québec sans croiser une attraction touristique inspirée des téléromans. Du Village de Séraphin à celui d'Émilie en passant par le Circuit du *Temps d'une paix*, la Maison de VLB, le Village Québécois d'antan et le Domaine Cormoran, tous accueillent des milliers de visiteurs durant l'été.

Le Village de Séraphin a longtemps fait cavalier seul mais c'est avec *Le temps d'une paix* que ce phénomène a véritablement pris son essor. Ce téléroman attirant jusqu'à mille personnes sur les sites de tournage, on a pensé restreindre l'accès tout en rentabilisant l'opération. Des guides, des heures de visite, un prix d'entrée, un dispositif promotionnel et le tour était joué. Dix ans après la conclusion du téléroman, ce site figure toujours dans les guides touristiques.

Par la suite, les régions touchées par la manne téléromanesque ont emboîté le pas et ces sites n'ont cessé de se multiplier. Si tous promettent au visiteur de l'entraîner derrière le décor, certains n'hésitent pas à s'adonner à un savant mélange entre réalité et fiction.

C'est le cas du Domaine Taché où fut tourné le téléroman *Cormoran*. Non seulement a-t-on transformé un site historique en y construisant des décors au réalisme saisissant, mais le dépliant publicitaire n'établit aucune distinction entre artefacts historiques et décors. Certaines photographies sont même truquées pour les intégrer en une représentation qui soit fidèle au téléroman. Le Domaine seigneurial n'existe plus, il fut rebaptisé Domaine Cormoran.

Cependant le summum de la confusion est atteint avec le Village d'Émilie, inspiré du roman et de la série *Les filles de Caleb*. Ici, rien n'est vrai, pas même les décors reconstruits de toutes pièces. La reconstitution est faussée pour que les bâtiments ne soient pas des coquilles vides, comme tous les décors, mais plutôt de fidèles reproductions des lieux fictifs. Le visiteur ne déambule plus dans un site de tournage transformé en site touristique mais est carrément plongé dans une réplique de l'univers fictif. Quand on sait qu'Émilie Bordeleau, qui a inspiré le roman et ses suites, a bel et bien existé, on comprend mieux l'effet de réel introduit par ces reconstitutions-gigognes. C'est du moins ce

Les belles histoires des pays d'en haut *donne lieu au premier site touristique relié aux téléromans. Divers produits sont mis sur le marché dont des cartes postales du Village de Séraphin illustrant des scènes typiques du téléroman: on voit ici le Bureau de poste où l'on peut apercevoir Mademoiselle Angélique.*

Collection Bibliothèque nationale du Québec. (Photo: Pierre Soulard).

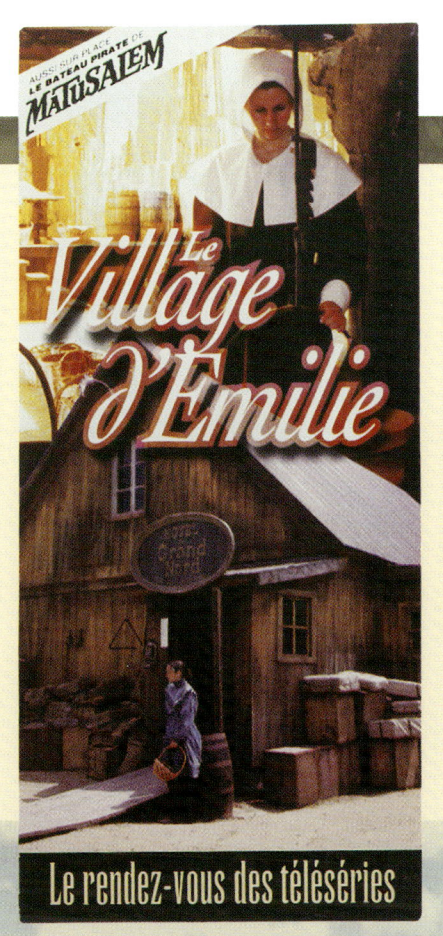

que laissent penser ces milliers de visiteurs qui, tels des pèlerins, vont se recueillir sur la tombe de la véritable Émilie. Histoire et représentation de l'histoire semblent de plus en plus indissociables. À un point tel que certains modifient la vérité historique pour qu'elle concorde davantage avec la fiction, comme l'a fait un téléspectateur en finançant l'érection d'une fausse pierre tombale parce qu'il était déçu de ne pas trouver la sépulture d'Ovila aux côtés de celle d'Émilie !

Dépliant annonçant le site touristique du Village d'Émilie, à Grand-Mère.
Collection privée. (Photo : Pierre Soulard).

La jeune Roxanne Blondeau est en pleine crise d'adolescence. Sa révolte est d'autant plus intense qu'elle est convaincue que ses parents ne l'aiment pas. Roxanne est impatiente de se lancer dans la vie et, à l'insu de ses parents, elle porte des tenues provocantes.

MONTRÉAL P.Q. *(1992-1995)*. Comédienne : Joëlle Morin. (Photo : Société Radio-Canada).

3 Le symbole de la liberté

Tout juste après les Plouffe, en 1954, un second téléroman va marquer profondément l'imaginaire du public. Des battures trempant dans le fleuve, le Chenal-du-Moine, un coin d'eau et de terre isolé sans autre relation qu'avec Sorel. Ses habitants y vivent de la même manière depuis deux cents ans: la chasse, la pêche, l'agriculture, la messe le dimanche, les saisons qui passent. Rien n'affecte ce rythme lent et homogène. Personne n'attend rien d'autre que ce destin tracé par Dieu.

Un «étrange» arrive un soir de novembre. Un quêteux, un itinérant comme on dirait maintenant. Un nomade qui propose d'échanger sa force de travail pour un gîte et une pitance.

Le Survenant, personnage de liberté. On le voit ici en compagnie du Père Didace et de Phonsine.
LE SURVENANT (1954-1959). Comédiens: Jean Coutu, Ovila Légaré, Suzanne Langlois. (Photo: *Échos Vedettes*).

Paysage de la région de Sorel, cette photographie fut prise lors du tournage du téléroman Le survenant, *vers 1955.*

D'où vient ce «survenant»? Personne n'ose le lui demander. Quand repartira-t-il? Quel est son nom? Pourquoi est-il «descendu» là? Aucune réponse. Il n'a rien du quêteux classique, du pauvre en haillons. Il est grand, solide, jeune, d'une belle apparence et bien mis. Un criminel en cavale, un évadé de prison, un beau parleur qui détrousse les paysans naïfs? Cet inconnu esquive les questions qui l'entourent: «Never mind».

Son regard devient lointain quand d'anciennes images émergent de sa mémoire. Personne ne saura jamais si son silence est fait de remords, de douleur ou de nostalgie.

Depuis ce soir d'automne, le village ne sera plus jamais le même. Auprès de ce «grand dieu des routes», il ressent sa petitesse, son isolement, son inertie, son ignorance. Comme eux, le Survenant sait chasser, pêcher et remuer la terre, construire des barques. Mais il sait aussi lire et jouer de l'harmonium comme les gens de la ville, parler d'animaux étranges, de contrées inconnues.

Aucun papier, aucun argent. Il ne répond d'aucun État ni d'aucune Église. Sans foi ni loi, cet homme demeure pourtant honnête, franc, travaillant. Seul, soit, mais autonome sans être égoïste. Le Survenant n'a pas besoin des autres pour savoir comment agir. Quand Angélina s'offusque qu'il ait prêté sa main à une diseuse de bonne aventure, «une gipsy» aux mœurs légères, le Survenant la reprend : «Il ne faut pas mépriser ce qu'on ne connaît pas, Angélina.» Il apprend aux autres la tolérance, le respect et la droiture d'esprit.

Le Survenant ne s'oppose pas à l'autorité ; il se tient en marge. Il n'a rien du révolté ; il pense et vit par lui-même, c'est tout. Il est libre sans devoir se rattacher à une idéologie révolutionnaire ou à une mission religieuse. Il est l'expression d'une indépendance totale, absolue. Mais seul... Une sorte de messager divin, un ange, l'incarnation troublante du bien et du beau.

Mis à part certaines familles où on craignait que les filles soient «envoûtées» par le bellâtre, le Québec tout entier a vite adopté ce premier grand héros du téléroman. Mais un héros très spécial : il ne montre pas un chemin à suivre à partir de la Loi ou de Dieu. Il émane de lui simplement un état d'esprit, une intégrité, une honnêteté foncière. Le Survenant, une manière dépouillée et déconcertante d'être libre.

Cet «ange» atterrit dans un monde par ailleurs tout à fait normal. Le veuf triste (Didace Beauchemin), l'aîné ambitieux (Odilon Provençal), la femme faible (Phonsine), le fils démissionnaire (Amable), l'amoureuse timide (Angélina), le paysan naïf (Jacob Salvail), le citadin hâbleur (oncle Zéphir) et même le demeuré sympathique (Beau-Blanc).

Ce téléroman a ouvert une porte : il y a désormais place chez nous pour celui qui choisit de vivre autrement. Non seulement le changement devient encore plus légitime, mais il est poussé à son extrême, jusqu'à un sentiment de liberté absolue.

Les «indépendants»

Deux styles de vie, celui du coureur des bois et celui du prêtre, hantent depuis longtemps l'imaginaire québécois. La vie nomade et la vie sédentaire, les individus libres, innovateurs, mais détachés des responsabilités, et les individus soumis, respectueux de l'ordre et tournés vers la communauté. La lourde mésentente entre Ovila Pronovost (le bûcheron) et Émilie Bordeleau (la mère au foyer) dans *Les filles de Caleb* a récemment réveillé cette tension ancestrale.

Un antagonisme inconscient entre le solitaire et le solidaire. Or le Survenant a subitement ressuscité ce désir de l'auto-

Émilie enceinte dans sa cuisine, seule, sans son Ovila.
LES FILLES DE CALEB *(1990-1991).*
(Photo : Michel Gauthier).

Accessoires portés par Joëlle Morin pour incarner le personnage de Roxanne dans Montréal P.Q.
Prêt de la Société Radio-Canada.
(Photo : Pierre Soulard)

nomie personnelle dans un monde dominé par la morale et le confessionnal. Une asocialité profonde, un goût de liberté à travers les grands espaces et l'exil : partir, découvrir le monde sans attaches ni responsabilités. Cette résurgence donnera lieu à une série de héros qui vont protéger leur indépendance, parfois jusqu'au sacrifice de leur famille (Ovila). Ce sera Jambe-de-bois, le quêteux «professionnel» des *Belles histoires*. Arthur Buies, dans la même série, l'intellectuel pamphlétaire mis à l'index par l'Église, mais protégé par le curé Labelle. L'athée libre-penseur et l'évêque... «Faut le faire...»

Dans *Sous le signe du lion*, Beaujeu, le cadet de la famille, est le seul à ne pas se braquer pour avoir sa part de la fortune maternelle. Il n'affronte pas son père, ne réclame rien, ne manifeste aucune intention détournée. C'est pourtant lui que Jérémie, le père despote, va le plus détester et le plus admirer secrètement. L'indépendant attire l'admiration et la jalousie.

Dans le même esprit, plusieurs femmes se sont particulièrement montrées indépendantes à l'égard de leurs familles. Alexandrine Fournier, dans *Le temps d'une paix*, reprend le flambeau des midinettes, au grand scandale de son père. Laurianne, dans *Entre chien et loup*, exprime la même distance, la même autonomie. Ginette Durivage, dans *Cormoran*, résiste longtemps à l'agressivité de Bella. Elle refuse de prendre part aux querelles, s'installe à l'écart et lance une entreprise vite prospère. Laurence Trudel, dans *Des dames de cœur*, trouble complètement la sérénité de Claire et par la suite de tout son entourage. De même la magnifique Roxanne de *Montréal P.Q.*

Sur un plan moins existentiel et souvent comique, les séducteurs expriment à leur façon ce sentiment de liberté. Depuis Maurice Milot dans *Rue des pignons* jusqu'à Rod dans *La petite vie* en passant par Serge Vandal ou François Dumoulin dans *Scoop*.

À l'opposé, certains indépendants connaissent un destin difficile. Abel, de *Race de monde*, qui tente de se détacher de sa famille en écrivant un roman sur elle. Junior, dans *L'héritage*, l'enfant rebelle. Blanche Bordeleau, dans *Blanche*, qui trouvera seule et loin, dans la forêt d'Abitibi, la possibilité d'exercer le métier qu'elle aime. François Pelletier, dans *Omertà*, ce policier sans uniforme qui utilise son côté «bum» solitaire pour mieux infiltrer la mafia.

Partagé entre son désir de liberté solitaire et son besoin des autres, l'indépendant sera toujours marqué par une profonde ambiguïté, dont Pete dans *Chambres en ville* demeure peut-être l'exemple contemporain le plus clair.

Dans un quartier ouvrier montréalais vivent les Marsouin, les Jarry, les Milot et d'autres personnages comme Flagosse et le père Lafeuille. Un portrait réaliste de la vie de famille. Un monde attachant qui partage leurs malheurs comme leurs petits bonheurs. On voit ici Maurice Milot et Janine Jarry, le couple qui a retenu l'attention tout au long du téléroman.

RUE DES PIGNONS (1966-1977). Comédiens: Réjean Lefrançois, Marie-Josée Longchamps. (Photo: André Le Coz, Société Radio-Canada).

Mémère Bouchard a toujours des répliques de sagesse pour aider son entourage à passer à travers les méandres de la vie.
LE TEMPS D'UNE PAIX (1980-1986). Comédienne: Monique Aubry. (Photo: Société Radio-Canada)

Ces quelques objets étaient caractéristiques du personnage de Mémère Bouchard (Monique Aubry) dans Le temps d'une paix.
BONNET. Prêt de la Société Radio-Canada. PIPE, BOÎTE À ALLUMETTES, BLAGUE À TABAC, LUNETTES. Prêt de madame Monique Aubry. (Photo: Pierre Soulard).

Les « sages »

Autant les indépendants dérangent, autant les sages rassurent. Mais pour pouvoir intervenir et soulager les tensions, le sage doit lui aussi se tenir en marge des conflits. Le sage demeure un témoin privilégié mais silencieux. Comme Mémère Bouchard l'était magnifiquement dans sa berçante, la pipe à la bouche. Elle observait, surveillait tout.

Le sage n'a pas pris son balluchon, le bois et la poudre d'escampette. Il a patiemment cultivé la terre, comme Pépère dans *Terre humaine,* ou il a consacré sa vie au salut des âmes du quartier, tel l'abbé Dorval, le prêtre ouvrier de *Rue des pignons.*

Il n'a pas tiré sa sagesse de ses voyages, mais d'une longue expérience de vie, faite d'une sensibilité aiguë aux problèmes des autres et d'une habileté à ne pas se compromettre dans les conflits. Pour mieux intervenir en douceur: «Si j'étais à ta place, chère, j'hésiterais pas une minute. Un beau

D'abord spectacle de folklore puis téléroman, Cap-aux-sorciers, l'œuvre de Guy Dufresne, met en scène le fleuve et les gens de Charlevoix. Sur fond d'air marin, on suit la vie du capitaine Aubert, de madame Eudore, et des autres habitants de ce village de navigateurs.
CAP-AUX-SORCIERS (1955-1958). Comédiens: (de gauche à droite) Pierre Dufresne, Monique Miller, Françoise Graton, Monique Joly, Gilles Pelletier, Marcel Giguère. (Photo: Société Radio-Canada).

jeune homme comme Joseph-Arthur...», glissait Mémère Bouchard à Rose-Anna, l'air de rien. Dans le fond, sous ses airs réconfortants, le sage dérange tout autant que l'indépendant. Il exprime la même liberté d'esprit.

Le sage est très tôt apparu à la télévision sous les traits du capitaine Aubert dans *Cap-aux-sorciers*. Ce chef navigateur responsable de jeunes marins et de filles célibataires racontait de longues histoires d'où jaillissait une morale. Des parents capables d'intervenir diplomatiquement au sein de la famille ont ensuite joué ce rôle. L'oncle Albert dans *14, rue des Galais*, Georges dans *La côte de sable*, Tancrède Rousseau dans *Le parc des braves*.

Le magnifique décor de la région gaspésienne filmé par le caméraman pour une scène du téléroman Je vous ai tant aimé, *en 1958.* (Photo: Société Radio-Canada).

Philidor Papineau rend les mêmes services discrets aux pensionnaires de *La pension Velder* ou Louise Leblanc dans *Chambres en ville*. Flagosse Bérichon de *Rue des pignons*, Mariette dans *Les Berger* et Agathe dans *Chop suey* partagent les mêmes traits de discrétion et d'attention aux autres.

Mis à part *Les filles de Caleb*, aucun téléroman de campagne *(Le survenant, Les belles histoires des pays d'en haut, Je vous ai tant aimé, Rue de l'anse, Le temps d'une paix, Entre chien et loup, Cormoran,* etc.) n'a échappé à la présence du curé. Quelquefois témoin discret mais efficace (le curé Provençal du *Survenant*), quelquefois un peu vieux jeu, mais rappelant certains principes essentiels (le curé Dumont de *Cormoran*), ce personnage va toujours exercer son influence.

À la ville, le curé est souvent moins présent, mais tout aussi efficace. L'imposant père Alexandre dans *La famille Plouffe*. Le gentil abbé Dorval de *Rue des pignons*. Le solide et magnifique chanoine Caron de *Montréal P.Q.*

Le chanoine Caron incarne un homme d'Église dont la culture, l'ouverture d'esprit et la compréhension des passions humaines tranchent nettement avec l'obscurantisme de l'époque.
MONTRÉAL P.Q. *(1992-1995)*. Comédien: Jean-Louis Millette. (Photo: Société Radio-Canada).

Le curé Labelle, personnage autoritaire, voulait transformer et moderniser une région entière, les Basses-Laurentides.
LES BELLES HISTOIRES DES PAYS D'EN HAUT *(1956-1970)*. Comédien: Paul Desmarteaux. (Photo: André Le Coz, Société Radio-Canada).

Les «entreprenants»

Le Survenant a aussi montré la voie aux visionnaires. Ceux qui se retrouvent seuls à l'avant du groupe, épris de nouveauté et en quête d'un monde meilleur. La vie contemplative et errante du Survenant se transforme en une volonté beaucoup plus concrète et dynamique de transformation des choses.

Les entreprenants sont happés avant les autres par le goût des initiatives, des risques et des espoirs d'amélioration. Le curé Labelle fut le premier et peut-être le plus grand aventurier des téléromans, voulant moderniser une région tout entière, les Basses-Laurentides. Sous-ministre à la Colonisation, il rêvait de réunir toutes les municipalités; de les relier directement à Montréal par le Train du Nord et de transformer une agriculture de survivance en une production commerciale prospère. Trente ans plus tard, il va montrer le chemin aux Laflamme de *L'or et le papier* et aux jeunes et ambitieux journalistes qui lanceront L'Express *(Scoop)* et même à la fougueuse Marilyn devenue politicienne.

Un pays sans capitaux, sans connaissances autres que celles du cultivateur ou de l'ouvrier peut-il se doter d'une structure routière, manufacturière, financière et intellectuelle? Oui, à condition que les entreprenants assurent le leadership. Mais ils devront combattre bien des résistances cachées dans des principes et des convictions séculaires : se replier sur soi, se contenter de peu, faire confiance aux élites et croire que toute ambition tient du péché d'orgueil...

Oser penser par soi-même. Oser faire confiance à l'avenir. Oser comprendre que la modernité n'est pas une tentation diabolique, mais une force irrémédiable et profitable. Les entreprenants dérangent tout

Cette télésérie traduit par le biais du drame, de la comédie, de l'amour, de la séduction, de la critique sociale et des jeux de pouvoir, la vie tantôt exaltante, tantôt ordinaire, des gens de la presse et de leurs proches. Au centre de l'histoire, Stéphanie Rousseau et Michel Gagné, deux jeunes journalistes passionnés par leur métier et prêts à tout au nom du droit à l'information, toujours à l'affût du «scoop».

Le journal le Scoop prend enfin naissance grâce à la détermination de Stéphanie Rousseau et de Paul Vézina, un collègue et ami de longue date.

SCOOP *(1992-1995).* Comédiens: Macha Grenon, Raymond Bouchard. (Photo: Société Radio-Canada).

autant que les indépendants et les sages. Ils veulent bouger, exprimer le «On est capable», le «Maître chez nous», le «Québec Inc.».

Mais ils seront peu nombreux dans les années 1950 à manifester cette audace. Le sacerdoce du curé Labelle lui procure une sorte d'immunité pour exprimer ses ambitions. Le capitaine Aubert utilise son image de grand sage pour réaliser son projet: moderniser la flotte maritime de Charlevoix et assurer le transport entre les nouvelles villes minières de la côte-nord et Québec.

Le père Gédéon, agriculteur beauceron prospère, est un entrepreneur lui aussi. Mais sa position devient une sorte de démonstration *a contrario* des difficultés du modernisme et de la vie urbaine. Ce riche cultivateur à la campagne vit finalement cent fois mieux que son frère Théophile, ouvrier instable à la ville...

Ce téléroman raconte l'histoire d'une famille d'industriels, les Laflamme. L'entreprise effectue une percée fulgurante en France.

L'OR ET LE PAPIER *(1989-1992)*. Comédiens: Marina Orsini, Louise Turcot, Marc-André Coallier, Raymond Bouchard, Fanny Lauzier, Lionel Villeneuve. (Photo: Société Radio-Canada).

Deux femmes célibataires et colocataires vivent une foule d'aventures invraisemblables. Y sont mêlés monsieur Lavigueur, Gustave, les voisins et les prétendants. Dodo et Denise sont «dans le vent». Elles déplacent donc beaucoup d'air dans ce téléroman qui sera repris 20 ans plus tard.

MOI ET L'AUTRE *(1966-1971).* Comédiens: Réal Béland, Roger Joubert, Dominique Michel, Denise Filiatrault. (Photo: Société Radio-Canada).

Puis, la Révolution tranquille aidant, l'ambition personnelle ne subit plus l'ostracisme d'antan. Deux femmes emportées et résolument urbaines, prêtes à tout pour arriver à leurs fins, débarquent. Denise et Dominique de *Moi et l'autre* se laissent attirer par la réussite sans culpabilité: les beaux garçons aux belles autos, aux professions lucratives et aux grosses maisons. Bref, elles ne sont pas prêtes à se battre pour conquérir une fortune, mais elles ne se posent plus de question sur la légitimité de leurs désirs. Avec elles, le goût du luxe et de la consommation devient légitime.

Mais tout n'était pas aussi facilement liquidé. Les années 1970 sont souvent marquées par des initiatives modestes et une crainte des dangers de l'argent: le mariage de Janine Jarry avec un médecin se solde par un échec *(Rue des pignons)*, de même pour les Berger après s'être associés aux Beaulieu *(Les Berger, Le clan Beaulieu)*, etc.

Il faudra attendre le tournant des années 1980, pour retrouver le goût du luxe et de l'entreprise. Le premier à se manifester est Joseph-Arthur Lavoie du *Temps d'une paix*. Fier, il sera le premier du village à conduire une automobile. Homme d'affaires, il transforme sa boutique de forge en garage. Joseph-Arthur, l'homme du progrès dans Charlevoix.

Puis vint le grand coup, l'introduction d'ambitions à la mesure de l'Amérique. Un quasi-adolescent livreur de chips à Trois-Rivières se lance à la conquête de la coupe Stanley, de la coupe du Monde et dans l'achat du club de hockey Le National. *Lance et compte*, ses vedettes du hockey chèrement payées, ses luxueuses maisons, ses Lotus, Jaguar et Ferrari, va tout bousculer.

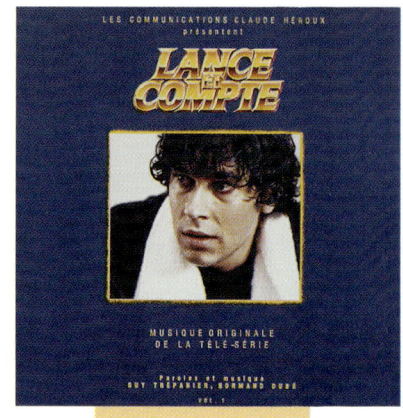

Pochette du disque
Collection privée.
(Photo : Pierre Soulard).

« On va la jouer, la game. » Lambert se bat pour gagner sa place parmi les grands. Sa sœur Suzie, designer de mode, en fait tout autant. Sa mère, propriétaire d'une boutique huppée, son beau-père gérant du club, son coach, un entraineur acharné, l'enfant de ce dernier, un jeune handicapé qui vaincra son immobilité. Tout le monde dans cette série est mû par le désir de surmonter ses limites, et de tirer profit de ses efforts : les maisons somptueuses, les bagnoles rutilantes, les hôtels prestigieux,

Pendant le tournage du Temps d'une paix, *en 1986, dans le garage de Joseph-Arthur Lavoie qui, en homme d'affaires, transforme sa boutique de forge en garage.*
(Photo: Société Radio-Canada).

les restaurants chic, plus rien de tout cela n'est désormais honteux.

Lance et compte provoquera un déferlement de téléromans où désormais les intrigues ne se nouent plus entre ceux qui désirent que les choses évoluent et ceux qui résistent, mais entre ceux qui proposent un changement radical et soudain et ceux qui souhaitent des transformations «étapistes». Joseph et Luc Sinclair, dans *Formule 1*, Raymond,

Marilyn avec son conseiller Jean Godbout, lors de la campagne électorale pour l'élection au poste de conseiller de quartier.
MARILYN *(1991-1994)*. Comédiens: Denis Bernard, Louisette Dusseault.
(Photo: Société Radio-Canada).

Sophie et Stéphane Laflamme dans *L'or et le papier,* Hector et Hélène Saulnier dans *Tandem*, Émile et Stéphanie Rousseau dans *Scoop*. Les conflits de générations redémarrent.

Mais, cette fois, les enfants tentent souvent de freiner l'ambition trop acharnée de leur père. La dynamique conflictuelle de la famille réapparaît donc autour des entreprenants, pas entre ceux qui veulent que ça bouge et ceux qui refusent le changement, mais entre ceux qui veulent que ça bouge vite et ceux qui trouvent que ça bouge trop vite.

Les «innocents»

Les handicapés psychologiques font partie des téléromans depuis les débuts, depuis Beau-Blanc, en fait, dans *Le survenant*. Ils sont membres à part entière de cette très vaste famille. Il peut sembler curieux de voir apparaître ce personnage en compagnie des indépendants, des entreprenants et des sages. Mais dans le fond, les innocents véhiculent une même marginalité et une même idée de liberté. Loin de représenter une tare, ils sont investis d'une mission qui leur échappe. L'innocent vit sa petitesse. Pourtant, au moment opportun, il intervient, comme mû par le destin.

Les Beau-Blanc, Bill Wabo, Ti-Mé, Médée, Abondius, Ti-Coune, Ti-Gus, les deux Tom-Pouce, Aurise ont tous porté des leçons ou annoncé des changements. Témoins silencieux des intrigues et des conflits, à la façon des sages, ils vont intervenir au bon moment. La complicité entre Mémère Bouchard et Ti-Coune dans *Le temps d'une paix* demeure la meilleure illustration de ce rapprochement.

Ils manquent de perspicacité, soit. La complication des intrigues les dépasse, d'accord. Mais ils ne se trompent jamais sur l'humeur d'une situation. Individus fragiles, donc extrêmement sensibles, ils atteignent rapidement un paroxysme de crainte, de douleur ou de joie débordante. Ils connaissent d'instinct la vérité comme un animal flaire le danger.

Et parce qu'ils sont naturellement bons, ils n'ont pas à conquérir leur liberté, à combattre le mal en eux. Incapables de «penser mal», leurs handicaps les protègent. Ils portent en eux une sorte de message pur, divin.

Aurise, dans *Montréal P.Q.*, verra la première le changement d'attitude d'Urbain Blondeau après son accident, sa métamorphose d'individu fat et égoïste en homme

Portrait de la société montréalaise après la Seconde Guerre mondiale, vertueuse en apparence mais rongée par la corruption.

On y voit au centre Aurise «qui voit dans la tête d'Urbain».

MONTRÉAL P.Q. *(1992-1995).* Comédiens: Marie Tifo, Gilbert Sicotte, Gisèle Schmidt, Edgar Fruitier, Sylvie Léonard, Annette Garand, Yves Desgagnés, Suzanne Marier. (Photo: Société Radio-Canada).

compréhensif et généreux. Parce qu'Aurise «lit directement dans tête d'Urbain». Bref, les innocents ont un don... Nés victimes, la partie sale, malhonnête, impure du monde leur échappe et ils deviennent fatalement troublés dès que le mal rôde autour d'eux. Paradoxalement donc, ces individus diminués et maladroits vont devenir les révélateurs du bien et de la liberté.

À côté des vrais débiles, les téléromans regorgent de personnages moins stigmatisés qu'eux, mais quand même semblables par leur candeur, leur simplicité et leur bonté toute naturelle. Tout ce que souhaite Onésime Ménard, le mari de Cécile Plouffe, c'est de la «retrouver le soir, que le petit soit en santé et de ne pas avoir d'accident avec son autobus».

Ils sont souvent naïfs, tombent parfois dans les pièges de plus roués, mais leur candeur les met à l'abri des grandes complications. Jacob Salvail, le «oui, monsieur, oui» du *Survenant*, Todore Bouchonneau des *Belles histoires*, Émilien dans *De 9 à 5*, Fifine Touchette de *Rue des pignons*, Agnès Nadon des *Brillant*, Bernie Lacasse de *Jamais deux sans toi*, Nounou et Lulu dans *Lance et compte*, Sylvette Barbeau dans la deuxième cuvée de *Jamais deux sans toi*, Angélique dans *Cormoran*, quelques-uns seulement de ces personnages d'où rayonne une sorte de grâce, faite de bon sens et de maladresse touchante.

Puis, enfin, il y a les innocents idéalistes, prêts à toutes les aventures pour améliorer leur sort et celui des autres au point de sombrer complètement dans le ridicule. Le premier, le plus célèbre et le plus grand de ces idéalistes: Basile, le plombier

«Todore Bouchonneau fait partie de ces personnages qui tombent facilement dans les pièges des plus malins, mais leur sensibilité candide les met à l'abri des grandes complications.»

LES BELLES HISTOIRES DES PAYS D'EN HAUT (1956-1970). Comédien: René Caron. (Photo: André Le Coz, Société Radio-Canada).

naïf et sympathique de *Cré Basile!* Mais aussi Symphorien Laperle aux prises avec les caprices de madame Sylvain ou de mademoiselle Lespérance dans *Symphorien*. Anatole Brillant des *Brillant*, Anatole Potvin de *Poivre et sel*.

Quel que soit leur style, les innocents ont l'art de nous présenter les bons côtés de la vie à travers leurs faiblesses. Ils sont, à leur façon, proches du Survenant pour qui le premier être libre est celui qui fait confiance à la vie.

Le roman Les Plouffe de Roger Lemelin, œuvre majeure de la littérature canadienne-française, est d'abord adapté pour la radio puis pour la télévision pour atteindre un plus vaste auditoire.
LES PLOUFFE DE ROGER LEMELIN. Éditions Belisle, 1948. (Photo : Pierre Soulard).

Qui peut prétendre être «lu» par au moins deux millions de personnes chaque semaine?

L'auteur de téléromans. Son but? Divertir, jeter un regard sur le passé, faire rire, émouvoir, communiquer ou éduquer.

L'écrivain invente sur papier l'histoire que d'autres transposeront au petit écran. Un métier passionnant mais exigeant. Les contraintes? Limites de personnages et de décors par épisode, pauses commerciales… L'auteur doit aussi écrire tous les jours. Un marathon de mots sans panne d'inspiration. Certains écrivent à deux, histoire d'échanger des idées. Mais ici, pas de tradition d'équipes de scripteurs anonymes comme aux États-Unis ou en Amérique latine.

À l'origine, des écrivains renommés imaginaient les œuvres télévisées. Puis est apparue une autre génération d'auteurs, écrivant spécialement pour la télévision. L'écriture téléromanesque au Québec est l'œuvre de gens d'ici. Hier comme aujourd'hui, elle compte de belles plumes, des signatures fortes, pour notre grand plaisir!

On se ressemble ou on se distingue ?

Malgré tout, le téléroman est semblable, à plusieurs égards, aux séries américaines diffusées aux heures de grande écoute (*Dallas, Dynastie, Miami Vice, L. A. Law, E R*), aux *soap operas* américains (*General Hospital, All my Children*) et aux *telenovelas* sud-américaines (*O direito de nascer, Um sonho a mais*) : récit fictif découpé en épisodes, traitement réaliste, propos centrés sur la sphère privée, intrigues amoureuses, familiales et amicales. Tous ces feuilletons suscitent l'engouement de leurs publics nationaux et battent constamment les records d'écoute des diffuseurs.

Là s'arrêtent les similitudes. Nos téléromans sont les seuls à laisser une large place aux récits d'époque. Autre différence, les récits des *soap operas* se veulent sans fin. Ils ont l'allure d'une chronique quotidienne qui suit les péripéties d'une communauté durant une longue période mais sans raconter une grande histoire. C'est différent pour le téléroman, la série américaine et la *telenovela*. Leurs auteurs dénouent les intrigues principales dans une fin longuement attendue. Leur dénouement peut aboutir au terme d'une unique saison ou après plusieurs saisons ou même après plusieurs années, mais il se fait toujours. Les téléspectateurs savent que leur histoire se terminera et que l'auteur devra leur offrir une conclusion. Ils l'attendent comme on attend la fin d'un conte. Il était fatal, disent-ils, que *Le temps d'une paix* se termine avec la réconciliation de Rose-Anna et Joseph-Arthur. Tout comme ils n'auraient pas pu imaginer que la série *Les filles de Caleb* puisse quitter les ondes en restant silencieuse sur le sort d'Émilie et d'Ovila.

La télésérie Urgence *était attendue impatiemment par les téléspectateurs. L'histoire tourne autour de la vie des professionnels de la santé qui œuvrent à l'urgence d'un centre hospitalier.*
URGENCE *(1996).* Comédiens: Nathalie Gascon, Serge Postigo, Marina Orsini, David La Haye. (Photo: Avanti Ciné-Vidéo).

Au plan des personnages, les séries américaines et les *soap operas* sont bondés de vilains et les *telenovelas* fourmillent de méchants colonels. Il y a au contraire bien peu de méchants qui évoluent dans les téléromans. Un des derniers méchants de nos téléromans, le mafioso Scarfo, est aussi le plus attachant des pères.

Le rythme de diffusion de ces différents types de feuilletons diffère. Les fameuses «rentrées des téléromans» sont saluées par leur public comme de grandes retrouvailles. Ils arrivent et reviennent avec les saisons, pour une diffusion hebdomadaire, dans des découpages de 13 ou de 26 épisodes dans une année. Les *telenovelas* et les *soap operas*, présentés de façon quotidienne, ne créent pas un tel climat d'attente.

Autre distinction des téléromans, chacun d'eux porte la signature de son auteur. Son public fidèle attend le prochain Gauvreau, Lévy-Beaulieu (VLB), Payette, Fournier, Tremblay-Larouche, Boyer-D'Astous, etc.

Au temps de la colonisation, un village des Laurentides est dominé par Séraphin Poudrier. L'avaricieux personnage fait aussi la vie dure à sa femme Donalda qui a sacrifié son amour pour Alexis. Donalda restera aux côtés de son Séraphin de mari malgré son amour pour Alexis.

LES BELLES HISTOIRES DES PAYS D'EN HAUT *(1956-1970).*
Comédiens: Jean-Pierre Masson, Andrée Champagne.
(Photo: André Le Coz, Société Radio-Canada).

Avare, usurier et maire de son patelin, Séraphin épousera la belle Donalda et effacera ainsi les dettes contractées par son père. Objet fétiche, le casque de Séraphin restera toujours symbole d'avarice pour plusieurs générations de téléspectateurs québécois.

CASQUE. Prêt de la Société Radio-Canada. (Photo: Pierre Soulard)

4 Le mal

Quand Claude-Henri Grignon a entrepris la série radiophonique *Un homme et son péché*,[5] en 1939, il voulait faire la démonstration que la colonisation exigeait un homme de la trempe de Séraphin Poudrier — en dépit de son vice, l'avarice —, un meneur, un dur et non pas un buveur, débauché et paresseux comme l'était Alexis Labranche. Mais les auditeurs se sont tellement épris de l'histoire d'amour entre Donalda et Alexis que Grignon a dû inverser les rôles et faire de Séraphin le symbole du Mal. Quand il apparaît donc à la télévision en 1956, son destin est fixé : il sera le J.R. Ewing de la télévision québécoise, celui qu'on aime détester. Le plus grand méchant de tous les téléromans.

Grignon reprit alors son histoire de zéro : Alexis Labranche et Donalda Laloge, deux enfants de colons, s'aiment tendrement. Mais un jour, une rixe éclate entre Alexis et le Grand William. Pendant la bataille, ce dernier meurt accidentellement. Privé de témoins, Alexis n'a d'autre solution que de fuir au Colorado. Donalda prend son mal en patience et attend son amoureux, qui n'ose même pas se manifester de crainte que sa lettre soit interceptée.

Séraphin, de son côté, est célibataire, agent des terres et prêteur usurier. Le père de Donalda, François-Xavier, un paysan paresseux, lui doit une lourde somme. Ils

5. Le sous-titre «Une autre des Belles histoires des pays d'en haut» accompagnait la présentation du programme.

71

Jérémie Martin est un dominateur tyrannique dont l'arrogance veut dissimuler une peur fondamentale, la solitude. Il éprouve avec ses enfants certaines difficultés qui se traduisent par des situations conflictuelles.

SOUS LE SIGNE DU LION *(1961).* Comédien : Ovila Légaré. (Photo : Société Radio-Canada).

concluent donc un pacte secret : Donalda contre la liquidation des dettes. Donalda sera vendue par son père... Elle le sait mais, obéissante, elle accepte son sort.

Séraphin, l'homme irréprochable, catholique, travailleur, impliqué dans les affaires de la paroisse et du gouvernement, tient les paysans à la gorge et les notables à distance. Mais surtout, il laisse croupir dans la misère la plus belle femme du village.

Soudain, aux yeux du public, une nouvelle manifestation du Mal apparaît. Si les voleurs, les séducteurs, les mécréants ont depuis toujours exercé leurs méfaits, désormais, il faut aussi se méfier des bien-pensants. Séraphin ou la dénonciation de ceux qui se drapent dans leur bonne conscience pour faire souffrir les autres. Séraphin ou la chasse aux pharisiens.

Une longue traque à l'usurpateur et au tyran débute dans les Basses-Laurentides. Jérémie Martin de *Sous le signe du lion*, William du *Monde de Marcel Dubé*, Grégoire Damphousse du *Paradis terrestre*, Léon-Joseph Beaulieu du *Clan Beaulieu*, Xavier Galarneau de *L'héritage*, Alcide Plamondon, le curé de *Au nom du père et du fils*, etc., ont tous ceci en commun : ils profitent de leur pouvoir légitime pour écraser les autres.

Mais en fait ces personnages font partie d'un vaste tout qui comprend les étroits d'esprit, les autoritaires bêtes (du genre «Écoute ton père»), les porteurs de vérités immuables et de principes rigides, les cœurs de pierre, et finalement les hypocrites. *Les belles histoires* mettent en procès la mentalité de toute une époque qui confond sciemment l'ordre et l'autorité, la protection et la tyrannie, l'amour et la haine. Bref, tout ce qui représente la manière traditionnelle d'asseoir son pouvoir et de l'affirmer constamment jour après jour avec aigreur et hargne.

Séraphin et ses acolytes, tous ceux qui défendent leurs prérogatives au nom du «ça marche de même» et de la tradition vont devenir les personnes qu'il faut détester et abattre. Au point où de nos jours l'imagerie populaire en viendrait à confondre Séraphin et Duplessis...

Trois types de personnages vont prendre le relais du maire de Sainte-Adèle : les durs, les rétrogrades et les faux.

Les «durs»

Les durs n'entendent pas céder un pouce de terrain. Comme le soulignait Serge Desmarais, le patron de Rémi Duval *(Jamais deux sans toi)*, avec beaucoup de sollicitude: «Une femme qui veut reprendre son nom de fille, mon Rémi, c'est comme si on enlevait la plaque sur la porte de ton bureau. C'est comme si elle ne t'appartenait plus...»

Les prérogatives existent. Dieu les a attribuées à certains; d'autres les ont gagnées. Elles doivent demeurer dans le giron de ceux que le sort a désigné. Il faut des forts, il faut des faibles, des pères, des enfants, des aînés, des cadets, des hommes, des femmes, des riches et des pauvres. La vie est ainsi faite. Point.

Ceux qui mènent le méritent et ceux qui sont menés doivent se compter chanceux. Pas question de contester, pas question d'essayer de changer l'ordre des choses. Sinon, nous sombrons dans la confusion, l'anarchie, le chaos. Les durs ont des principes et ne ménagent pas leurs avertissements.

Le père Didace avec ses airs bourrus et sa manière de «bardasser» Phonsine pourrait sembler être du côté des durs. Mais trop de tristesse dans son regard, trop de regrets dans ses silences le trahissent. Le vrai dur du *Survenant* s'appelle Odilon Provençal, l'aîné d'une famille prospère. Il est prétentieux, arrogant, cherche noise au Survenant, il ne cherche qu'à protéger ses droits d'aînesse et à les imposer à tout le village.

Les durs déguisent leur cruauté en abnégation («T'es un torchon ma femme, mais un torchon honorable», dit Séraphin) ou en obligeance de leur part («Pleure, ma femme, mieux vaut pleurer tout de suite que

Au tournant du siècle, tout est tranquille dans ce coin de pays situé près de Sorel. Puis, survient le Survenant, l'indépendant, le «grand dieu des routes». À cause de lui, la vie des Provençal et des Beauchemin ne sera plus jamais comme avant. L'histoire connaîtra une suite: Au chenal du moine.

LE SURVENANT *(1954-1959)*. Comédiens: Suzanne Langlois, Ovila Légaré, Jean Coutu. (Photo: André Le Coz, Société Radio-Canada).

plus tard», toujours le même). Mais surtout, ils sont sans faute, sans tort, sans malice. Ils agissent toujours pour le bien des autres, un bien que souvent ils sont les seuls à connaître.

Marie-Josée dans *Jamais deux sans toi,* la féministe radicale, hait tellement les hommes qu'elle fait de son fils Francis un monstre d'égoïsme parfaitement conforme à ses vues sur les hommes. Urbain Blondeau, chef de la brigade de la moralité dans *Montréal P.Q.,* se veut l'homme de l'intégrité foncière et de la protection des valeurs, alors qu'il n'est en fait qu'un petit despote minable.

Ces gens ne recherchent pas l'affection chez les autres, mais le respect. En fait, ils tiennent les autres «en respect», par leurs menaces et leur autorité abusive. À titre d'exemple, cette scène incroyable où, lorsque Miville Galarneau introduit pour la première fois sa fiancée Nathalie dans la

C'est une terre située sur le bord du fleuve, dans le Bas-Saint-Laurent. C'est aussi le nom de la famille qui la possède et loge dans l'imposante maison qui domine les environs. Bella Cormoran est d'un caractère plutôt méprisant et tyrannique, mais elle est aussi capable de grands élans de générosité comme les autres membres de la famille, son frère Pacifique et sa sœur Angélique.

CORMORAN (1990-1993). Comédiens: (de haut en bas) Raymond Legault, Margot Campbell, Guy Migneault, Nicole Leblanc, Mireille Thibault. (Photo: Société Radio-Canada).

maison paternelle, Xavier intervient violemment et interdit à la pauvre fille de s'asseoir à la table familiale, lui désignant d'office une desserte le long d'un mur (*L'héritage*).

Mais derrière cette carapace, il y a une faille, une faiblesse à trouver. Quand Jérémie Martin, cet homme d'une dureté qu'il veut infaillible, se retrouve seul dans une mansarde abandonnée, la maison de son enfance, on comprend l'oppression de ses jeunes années. Un père ivrogne et lâche, une mère sans ressources, un climat constant de reproches et de brutalités. Une énorme peur d'enfant que Jérémie a voulu exorciser en la transmettant aux autres toute sa vie.

Séraphin a éclaté en larmes quand le gros docteur lui a appris que Donalda était sauvée de la maladie. Xavier Galarneau s'est effondré deux fois : à la mort de son cheval et lorsqu'il a revu Myriam. Beaulieu, abandonné de sa famille, s'accroche avec l'énergie du désespoir à son secrétaire... Clément Veilleux, le fasciste de *Cormoran*, qui se rend aux autorités dans un village totalement silencieux.

Linda Hébert, Bella Cormoran, des femmes «de tête», sévères, intransigeantes, cassantes, vont progressivement s'adoucir. Les durs réapparaîtront toujours. Mais peu à peu on apprend à leur résister et à démasquer leurs faiblesses.

Les «rétrogrades»

Quand Guillaume tarde à rentrer à la maison, lors de la première émission des *Plouffe*, sa mère trouve tout de suite la cause de son retard : «Il se sera arrêté à l'Heure sainte. Il est tellement pieux c't'enfant-là...» Un sourire en coin s'est alors dessiné sur le visage de milliers d'auditeurs : l'Heure sainte. On a beau demeurer respectueux des traditions, certaines vieillissent plus vite que d'autres... Mais les rétrogrades sont là pour nous les rappeler.

Les rétrogrades peuvent avoir toute la bonne volonté du monde, faire preuve de la meilleure compréhension, certains aspects de la vie moderne leur échappent. Encore Joséphine : «Pis Guillaume, quand y'en a un grand qui fonce sur toi, tasse-toi. Ils sont tellement traîtres les joueurs de hockey. — Oui moman!» Ce «oui, moman!» fait ressortir toute l'ambiguïté du rôle des rétrogrades : nous leur devons obéissance et respect; mais il est bien entendu que nous ne pouvons plus nous conformer à ce qu'ils souhaitent pour nous.

Ils sont du mauvais côté des choses, pas par égoïsme ou mauvaises intentions. Ils n'ont tout simplement pas vu le temps passer. Ils ne se sont pas adaptés et tentent plus ou moins consciemment de ralentir le mouvement en imposant leurs vues.

Règle générale, les pères sont moins présents que les mères. Leur travail les éloigne davantage des enfants et ils deviennent moins sensibles à leurs réclamations et ambitions. Marcel Pigeon dans *Beau temps, mauvais temps*, Fred Chevalier dans *En haut de la pente douce*, Médée Chardonnel dans *Je vous ai tant aimé*, Benoît Lemire dans

Charles Deguire, ouvrier spécialisé dans une petite ville, doit faire face aux problèmes que rencontre sa famille en fréquentant les familles du voisinage.
LE PAIN DU JOUR *(1962-1965).* Comédiens : Jacques Lévesque, Serge Prieur, Olivette Thibault, Yves Létourneau, Martine Simon. (Photo : Société Radio-Canada).

Jeunes visages, Charles Deguire dans *Le pain du jour*, ont tous en commun d'être des pères dépassés, qui ne savent plus comment réagir aux réclamations de leurs enfants.

Fred Chevalier représente à cet égard un cas presque pathétique : un bon gars, généreux, vaillant, affectueux, qui s'accroche à son rôle de père pourvoyeur même s'il croule sous les dettes. Et plutôt que de divulguer ses difficultés à sa famille, il préfère dissimuler son drame à coups d'insomnies. Il vit sa misère en cachette, sans se rendre compte qu'aucun de ses enfants n'attend désormais de lui fortune et facilité.

À ceci s'ajoutent les petites prérogatives d'antan. Roger Lamontagne dans *Des dames de cœur* appréciait de rentrer chez lui le soir et retrouver Évelyne et son souper :

l'homme travaille, la femme s'occupe de la maison. Ça a toujours bien fonctionné ; pourquoi faut-il que ça change ? Cet entêtement a amené Roger à la plus grosse gifle de l'histoire du téléroman. Et ensuite à une séparation douloureuse. Le rétrograde n'est pas mauvais par nature. Mais les circonstances jouent contre lui. Et s'il s'entête, il devient le méchant...

Gérard Tremblay dans *Quelle famille!*, Edmond Germain dans *La petite patrie*, Lucien Lajoie dans *La petite semaine*, Jean-Paul Vanier dans *Dominique*, Pierre-Paul Rousseau dans *Le parc des braves*, Jean-Charles Lecavalier dans *Semi-détaché*... Elzéar Froment dans *Le grand remous* et

Edmond Germain est restaurateur. Il vit avec sa femme Gertrude et ses quatre enfants dans le quartier Villeray à Montréal, dans les années 1940. Il s'agit d'une famille modeste où les gens parviennent malgré tout à être heureux.
LA PETITE PATRIE (1974-1976). Comédiens: Gisèle Schmidt, Louise Laparé, Louise Rinfret, Jacques Galipeau, Christiane Pasquier, Vincent Bilodeau. (Photo : André Le Coz, Société Radio-Canada).

Francine et Rémi sont bien différents! À travers des dialogues savoureux, ils se disputent, se boudent, mais finissent toujours par se réconcilier. Ce qui fait l'affaire de leurs enfants, Dominique et Christian. Dix ans plus tard, le couple Duval affronte les défis de la cinquantaine.
JAMAIS DEUX SANS TOI! *(1977-1980).* Comédien: Jean Besré. (Photo: André Le Coz, Société Radio-Canada).

On y retrouve les personnages du téléroman Jamais deux sans toi. *Le couple de Christian Duval, le fils de Rémi et de Francine, affronte les problèmes des années 1990. Avec Isabelle, sa compagne, il essaie de trouver de nouvelles avenues aux problèmes de couple.*
LES HÉRITIERS DUVAL (1994 - EN COURS). Comédiens: Danielle Proulx, Antoine Durand. (Photo: Société Radio-Canada).

évidemment Rémi Duval dans *Jamais deux sans toi*, tous de bons bougres, mais combien maladroits, combien incapables de voir que le monde change autour d'eux, qu'ils perdent du terrain, alors qu'ils pourraient se sentir beaucoup mieux s'ils décidaient de voir un peu plus clair.

Les «faux»

Puis viennent les vrais fautifs. Le «bum» de ruelle, Stan Labrie de *La famille Plouffe*, le lâche et paresseux Père Laloge et son fils Bidou des *Belles histoires*, le beau parleur oncle Zéphir dans *Le survenant*, le fils ingrat de *La pension Velder*, les enfants corrompus de *De 9 à 5*, les prostituées, gigolos et crapules du *Paradis terrestre*. La remontée sera longue et continue jusqu'aux mafiosi d'*Omertà*.

Ils sont voleurs, profiteurs, fricoteurs. Ils occupent rarement la position stratégique du méchant central, rôle dévolu plutôt aux durs. Les «faux» deviennent leurs hommes de main. Le cas classique est celui du «rapporteur officiel» de Séraphin, le Père Ovide : «Collé hier, collé aujourd'hui, collé demain, monsieur le maire»... Si le dur véhicule l'esprit du mal, le «faux» exécute les basses besognes.

En dehors de ses complicités avec le dur, le «faux» est cet individu fourbe, ce «visage à deux faces» qui essaie de tirer avantage de la situation en camouflant constamment ses véritables desseins et en évitant les confrontations violentes.

Il est Jean-Paul Belleau, père de famille tranquille avec son épouse et ses deux filles et le pire coureur de jupons en ville *(Des dames de cœur)*. Zidore Leclerc, jaloux de tout le monde, l'homme des colportages *(Le temps d'une paix)*. Jean-Paul Lamontagne, fainéant, bête, rejetant ses gaffes sur les autres *(Grand-papa)*. Yvan Major, fonctionnaire planqué, prêt aux pires manigances pour se hausser auprès de son directeur *(Jeux de société)*. Jean-Maurice Beauchemin,

Jean-Paul Belleau, le prototype du mari volage, trompe Lucie sa femme depuis quatre ans, mais celle-ci l'ignore. Un personnage qui suscita des sentiments divers chez les téléspectateurs.
DES DAMES DE CŒUR *(1986-1989).* Comédien : Gilbert Sicotte. (Photo : Société Radio-Canada).

ex-bagnard qui menace sans cesse de récidiver si sa famille ne se soumet pas à ses caprices *(Race de monde).* Maurice Brodeur, concierge frustré et revanchard *(Urgence).*

Fils ingrat, frère envieux, mari infidèle, compagnon de travail arriviste, femme jalouse, voisin bavasseur, associé cupide, un lien les unit : la fourberie. Ils n'attaquent jamais de front, tentent plutôt leurs coups par derrière, se contentent parfois de détruire le bonheur des autres, plutôt que de faire le leur. En fait, ils sont surtout lâches et peureux.

La presse écrite et les téléromans

Qui n'a jamais profité d'une file d'attente à l'épicerie pour feuilleter le dernier magazine populaire et tout connaître enfin des téléromans à venir ? Qui n'a jamais lu une critique de son téléroman favori ? Qui n'a jamais acheté un magazine parce qu'y figure une entrevue avec son comédien préféré ? Peu de personnes sans doute car il est très fréquent que la presse écrite traite des téléromans.

En effet, les téléromans bénéficiant d'une très grande popularité, il est fort intéressant pour d'autres sphères médiatiques d'en récupérer le succès. En témoigne le nombre d'articles sur les téléromans qui ne cesse de croître pour atteindre ces dernières années des proportions astronomiques. Ainsi, de 1980 à 1993, le journal *La Presse* a consacré plus de 800 articles à dix des téléromans les plus populaires durant cette période. En 1980-1981, ce quotidien montréalais n'a publié que 7 articles sur le sujet. Quelques années plus tard (1986-87), on en recensait une centaine. Plus récemment, on dénombrait dans la presse québécoise plus de 260 articles reliés à la quatrième et dernière saison de *Scoop*[6].

La relation entre la presse écrite et le téléroman est étroite. Il faut dire que leurs formats respectifs sont fort semblables. En effet, les chroniques télévision des quotidiens et les nombreuses livraisons des magazines spécialisés adoptent la forme de continuités épisodiques. On regarde le téléroman le soir et on lit les commentaires le lendemain. Semaine après semaine, ce rituel se poursuit et c'est en quelque sorte à une autre continuité que nous convie le discours de presse.

La présence du téléroman dans le paysage médiatique ne peut manquer d'affirmer, sinon d'accroître, sa popularité. En promettant une saison remarquable, en soulignant la qualité de telle ou telle production et en esquissant les intrigues à venir, la presse écrite fonde et entretient l'intérêt et la fidélité du public. En interviewant les artisans, les comédiens et même les personnages fictifs, en suivant pas à pas les rebondissements d'un téléroman et en les reliant à des événements d'actualité, elle encourage l'identification des téléspectateurs et établit une association de plus en plus étroite entre les contenus fictifs et la réalité sociale.

C'est dans cette mesure que la presse écrite nous semble jouer un rôle significatif dans les processus de fidélisation et d'identification du public et assumer une fonction de relais pour les discours et modèles proposés dans les téléromans.

---

6. 19 publications furent analysées. La recension dans les quotidiens s'étale du 1er janvier au 30 avril 1995. Celle dans les mensuels et bimensuels couvre la période du 1er août 1994 au 31 mai 1995.

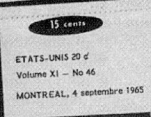

Depuis le début des années 1950, Le Journal des vedettes alimentait l'univers des téléspectateurs.

LE JOURNAL DES VEDETTES, 4 SEPTEMBRE 1965. Collection privée. (Photo: Pierre Soulard)

Le mythe du gagnant

En introduisant la figure du gagnant, *Lance et compte* transforme radicalement l'imaginaire téléromanesque. La réussite personnelle devient la nouvelle panacée et Pierre Lambert est un *winner* qui cristallise les aspirations de milliers de téléspectateurs. Ce personnage emblématique du Québécois déterminé, combatif et talentueux, est en parfaite concordance avec les valeurs sociales. C'est l'époque du fameux «Québec inc.».

Plusieurs téléromans emboîteront le pas. Pensons à *Formule 1*, qui se déroule dans le domaine de la course automobile; à *La misère des riches* et *Mont-Royal*, qui nous entraînent dans l'univers de la haute finance; ou à *L'or et le papier*, qui raconte l'histoire d'une famille d'entrepreneurs dans les pâtes et papiers qui n'est pas sans nous rappeler la famille Lemaire des papiers Cascade.

Mais si la réussite personnelle n'est plus synonyme de corruption, elle n'est pas totalement affranchie de considérations morales. La quête du succès ne conduit au bonheur que si elle est motivée par de bonnes intentions et sert de bonnes causes. Avec *Lance et compte* et ses successeurs, l'ambition et les bons sentiments trouvent enfin un terrain d'entente. C'est ce qu'illustre le téléroman *Marilyn* qui relate l'ascension sociale d'une femme de ménage qui, grâce à sa détermination, son gros bon sens mais surtout son intégrité, accédera au poste de mairesse de la Ville de Montréal.

L'introduction du mythe du gagnant correspond aussi à un élargissement des frontières sociales et géographiques. Le téléroman sort de sa cuisine et nous entraîne dans des bureaux, restaurants, arénas, aéroports, postes de télévision, et autres lieux collectifs. On visite aussi des contrées lointaines comme la France, la Suisse, les États-Unis, l'ex-U.R.S.S. et même l'Ontario. Le téléroman s'est ouvert sur le monde.

Lance et compte a connu un immense succès populaire et d'estime. Ceci peut être attribué à la parfaite conjonction entre les valeurs véhiculées et la forme retenue pour le faire. En effet, Lance et compte est non seulement novateur en ce qu'il propose une véritable figure héroïque mais aussi parce qu'il est un des premiers à avoir bénéficié de budgets imposants. Ceci, allié à une formule de coproduction, lui a permis de recourir à la technique cinématographique, de renouveler la structure narrative, de dynamiser le traitement esthétique et d'être diffusé en Europe et au Canada anglais. Le mythe du gagnant, qui s'appuie sur une quête individuelle ou collective de succès, a trouvé en Lance et compte un excellent ambassadeur. À tous les égards donc, aussi bien dans le fond que dans la forme, cette télésérie est un «success story».

Pierre Lambert, une jeune vedette du hockey, passe rapidement du club junior de Trois-Rivières au National de Québec, une équipe professionnelle. Cette ascension fulgurante entraîne d'énormes changements dans sa vie, y compris dans sa vie amoureuse.

Pierre Lambert et son coéquipier, Marc Gagnon, se surpassent pour «gagner».

LANCE ET COMPTE *(1987-1989).* Comédiens: Marc Messier, Carl Marotte. (Photo: Société Radio-Canada).

Pour se débarrasser d'un préjugé

Le téléroman, c'est une affaire de femmes. Faux! D'abord, elles ne sont pas quatre millions au Québec. Jeunes, vieux, femmes et hommes regardent leurs téléromans préférés. Ils les échangent aussi. Il n'est pas rare que les enfants adoptent les téléromans de leurs parents et que ceux-ci rejoignent leurs adolescents à leurs heures d'écoute. On a vu ce phénomène dans le cas de *Chambres en ville*, par exemple.

Sous la gouverne discrète mais efficace d'une femme d'âge mur, qui tient une maison de pension, de jeunes cégépiens vont vivre de façon intense leur crise d'indépendance, d'identité et de communication.

LA GRANDE FAMILLE DE CHAMBRES EN VILLE À LA FIN DU TÉLÉROMAN EN 1996. CHAMBRES EN VILLE *(1989-1996)*. Comédiens: (de gauche à droite, rangée du bas) Patricia Paquin, Louise Deschâtelets, René Gagnon, Anne Dorval, Isabelle Cyr (de gauche à droite, rangée du haut) Gregory Charles, Guillaume Lemay-Thivierge, Cédric Noël, Marie-Josée Croze, Caroline St-Onge, Vincent Graton, Francis Reddy. (Photo: Réseau TVA).

Leurs jurons et expressions familières

Patois	Personnage	Téléroman	Acteur
Souffrance	Christian Lalancette	*Chez Denise*	André Montmorency
Peau d'chien	Père Gédéon	*La famille Plouffe*	Doris Lussier
Ostin de bœuf	Rémi Duval	*Jamais deux sans toi*	Jean Besré
Maudite marde	Francine Duval	*Jamais deux sans toi*	Angèle Coutu
Cercueil	Lionel Rivard	*Scoop*	Rémi Girard
Sainte-Caramel	Léonne	*Scoop*	Francine Ruel
Hell de hell	Phil	*Race de monde*	Robert Rivard
Ben sûr	Xavier Galarneau	*L'héritage*	Gilles Pelletier
Ostie toastée des deux bords	Junior Galarneau	*L'héritage*	Yves Desgagnés
Chère	Mémère Bouchard	*Le temps d'une paix*	Monique Aubry
Oui, mossieur, oui	Jacob Salvail	*Le survenant*	Georges Bouvier
Never mind	Le survenant	*Le survenant*	Jean Coutu
Chocolat	Rosa-Rose	*Les belles histoires des pays d'en haut*	Gisèle Mauricet
Viande à chien	Séraphin	*Les belles histoires des pays d'en haut*	Jean-Pierre Masson
Bouleau noir	Alexis Labranche	*Les belles histoires des pays d'en haut*	Gabriel Gascon, Guy Provost
Shit	Pete	*Chambres en ville*	Francis Reddy
Niet niet	Dodo	*Moi et l'autre*	Dominique Michel
Sort humain	Flagosse Berrichon	*Rue des pignons*	Rolland D'Amour
Baptême	Popa	*La petite vie*	Claude Meunier
Qu'o qu'à fait là là	Basile	*Cré Basile!*	Olivier Guimond

Donalda Laloge avec son grand amour, Alexis Labranche, dans Les belles histoires des pays d'en haut.

LES BELLES HISTOIRES DES PAYS D'EN HAUT (1956-1970). Comédiens : Guy Provost, Andrée Champagne. (Photo : André Le Coz, Société Radio-Canada).

5 Le rejet
de la résignation

Très tôt donc, le combat s'engage entre les forces de l'indépendant moderne (individualiste) et celles du despote conservateur. Mais comme dans n'importe quelle histoire, il faut que les bons et les méchants se battent pour quelque chose, qu'ils s'arrachent un enjeu.

Dans le cadre des téléromans, cet enjeu prendra la forme la plus insoupçonnée, mais par ailleurs la plus classique de tous les contes: une princesse à délivrer. La plus belle fille du village devenue l'otage de l'ogre, suite à la traîtrise de son père. Donalda est prisonnière, condamnée à la misère et aux travaux serviles. L'avaricieux Séraphin ne lui fera pas d'enfant; il la confine pour ses besoins personnels et son bon plaisir sadique. Elle est captive. Les gens le savent, mais personne n'y peut rien.

Ici s'arrête le conte. Le bel Alexis, le prince charmant potentiel, ne fera rien pour reconquérir Donalda. La princesse ne sera jamais délivrée. Mais au moins tout le monde aura compris: jamais plus de martyr! Voilà l'enjeu du téléroman au Québec.

Car rejeter le despote ne consiste pas uniquement à l'abattre : un autre pourrait réapparaître. Il faut avant tout rejeter la tyrannie. Comme Cendrillon qui se soumettait aux ordres de ses sœurs malfaisantes, Donalda s'est résignée à vivre avec son mari devant l'autel. Elle a été en quelque sorte complice de son malheur. D'abord en acceptant le pacte entre son père et Séraphin, ensuite en démissionnant devant les conditions intenables qu'il lui imposait.

La martyre accepte ses conditions par résignation. Elle se soumet à une fatalité divine. Le malheur se transforme en une épreuve qui grandit : «gagner son ciel».

Dès lors, l'enjeu du téléroman devenait clair à travers Donalda : nous devons cesser de prétendre que la souffrance enrichit. Cesser d'accepter la soumission comme étant dans l'ordre de la Providence. Combattre notre propre sentiment de résignation.

Pour franchir le seuil de la modernité, il fallait rompre avec la morale catholique, puissamment installée depuis un siècle. Il fallait arrêter de se voir petit. Arrêter de croire que des plus puissants, des plus instruits, des plus riches feront la loi à notre place. Arrêter d'espérer un miracle après tant d'épreuves. Donalda, mais aussi chacun de nous, ne recevra pas un jour à l'improviste un bel et riche inconnu, prêt à la libérer de ses marâtres et à lui offrir un somptueux château. La vie n'est pas un conte de fées...

Accepter la sécurité toute relative du tyran, vivre petit et retranché ou développer une liberté d'esprit donnant suite à des initiatives risquées, à des confrontations, à des luttes constantes pour maintenir sa place, tels sont devenus les deux partis pris des drames des téléromans, toutes époques confondues.

Le téléroman allait donc entreprendre de démolir une conception des choses très profondément ancrée dans l'inconscient collectif. Mais cette opération nous obligera à condamner non seulement le tyran, mais aussi tout martyr qui accepte son sort. Les perdants devront eux aussi monter au bûcher du sacrifice rituel, permettant aux survivants d'affirmer leurs convictions, de solidifier leurs énergies combattantes.

L'enjeu, donc: se reconnaître soi-même différent, liquider chez soi tout sentiment de défaitisme et de résignation. Mais pour y arriver, il fallait bien connaître la psychologie des martyrs, des tourmentés et des perdants.

Les «martyrs»

Avant leur rupture malheureuse, Donalda et Alexis discutaient souvent d'avenir. Alexis souhaitant «partir pour les États», quitter «ces terres de roches». Mais à chaque fois, Donalda déposait sa tête sur l'épaule d'Alexis et évoquait l'argument suprême : «S'aimer dans la misère, s'aimer dans la pauvreté, y a-t-il quelque chose de plus beau au monde, mon Alexis?»

La martyre n'est pas une simple otage. Audacieuse, Donalda aurait retrouvé Alexis en exil. Elle a préféré forger ses chaînes, par sa soumission volontaire. Elle aura été la parfaite représentante d'un idéal de bonté, de dévouement et de patience, soit, mais aussi de démission devant la fatalité de la vie, de soumission inconditionnelle aux lois religieuses, même au prix de sa santé et de sa vie. La martyre devient complice de son propre malheur.

Trente ans après Donalda, les mêmes problèmes refont surface, causant la même commotion dans le public. Évelyne Lamontagne, dans *Des dames de cœur*, est une femme généreuse, compréhensive, qui ne souhaite que le bonheur de ses proches, incapable de manifester la moindre haine ou rancœur envers Roger, son mari. Elle supporte ses insultes, ses menaces et sa brutalité comme une épreuve de plus pour avoir droit à un tout petit peu de liberté. Quand Roger craque, pleure, elle est là pour le consoler : «Il faut que tu comprennes, Roger...»

La martyre va tout accepter avec indulgence et abnégation. D'une certaine manière, elle sera tout aussi entêtée que celui qui la soumet. Elle est au piège non

Fin de la Seconde Guerre mondiale. Aviateur dans l'armée canadienne, Étienne Paradis revient dans sa famille à Ottawa, après s'être battu de l'«autre bord». Les bouleversements de l'époque jouent sur les sentiments des personnages de ce téléroman, le seul à se dérouler hors Québec.

LA CÔTE DE SABLE *(1960-1962).* Comédiens: Nathalie Naubert, Denise Pelletier, (debout) Clémence Desrochers, Richard Martin, Benoît Girard, Roger Garceau, Yves Létourneau. (Photo: Société Radio-Canada).

pas de la loi civique ou matrimoniale, mais au piège d'une relation qui doit aboutir à la mort des deux belligérants. Rien d'autre à faire donc que d'abandonner le martyr à son sort. Tel est le message central du téléroman à son égard.

Hélène, dans *La côte de sable,* a attendu Philippe, son amoureux, pendant la Deuxième Guerre mondiale. Après leurs fiançailles, elle le laisse à nouveau partir pour la Corée où il sera tué. Une vie complète d'espoir perdu qu'elle finira chez les Carmélites. Elle préfère offrir sa douleur à

Directeur d'entreprise, Charles est bourru et vantard. Ses employés, eux, ont des tempéraments bien différents : Hercule le minutieux, Gloria la soumise, Grégoire le moqueur, Émilien le rêveur, Manuel le méticuleux, et Virginie, si dévouée. Voilà de quoi animer la vie d'un bureau.
DE 9 À 5 *(1963-1966).* Comédiennes: Nathalie Naubert, Denise Pelletier. (Photo: André Le Coz, Société Radio-Canada).

Dieu que de tenter d'oublier et de refaire sa vie.

Yolande, dans *Septième nord*, tombe amoureuse de Bert, le meilleur ami de son mari. En dépit de leur passion commune, Bert la convainc de retourner auprès de son mari. Une vie sacrifiée pour le bonheur d'un conjoint ingrat.

Virginie, dans *De 9 à 5*, secrétaire dévouée depuis 15 ans à un patron hargneux et brutal, s'imagine que son amour pour lui réussirait à l'adoucir. Il l'entraîne à Québec. Le bonheur, l'extase. Charles se soûle, se rue sur elle, l'insulte, l'humilie, la chasse. Peine inconsolable, naïveté chronique du martyr.

Madame Jarry, dans *Rue des pignons*, confidente impuissante du drame de chacune de ses filles. Laurette Le Sieur, dans *Le paradis terrestre*, épouse d'un sacristain lymphatique. Charles Beauchemin, de *Race de monde*, témoin ankylosé des chicanes de famille. Anne Demers-Leroux, dans *La bonne aventure*, inconsolable, attendant un mari disparu mystérieusement. Line, du *Grand remous*, la fille aînée sacrifiée de la famille, confinée à «torcher» les plus jeunes. Ou encore la petite Charlotte des *Filles de Caleb*, enfant fragile qui mourra prématurément d'une fièvre aphteuse. Aucune révolte, aucun cri, rien qu'une acceptation de la fatalité.

Rien de méchant chez ces personnages. Au contraire, des excès de générosité, de dévouement, qui excitent le sentiment d'insurrection des auditeurs. Le sacrifice du martyr sert à découvrir les limites de la bonté, quand celle-ci se transforme en entêtement et naïveté.

Les Damphousse et les Masson habitent la banlieue. Les premiers profitent de leur aisance financière; les seconds vivent dans des conditions plus modestes. Préjugés, envie, snobisme, hypocrisie... la bourgeoisie est pointée du doigt.

LE PARADIS TERRESTRE *(1968-1972)*. Comédiens: Nicole Filion, Gisèle Schmidt, Jean Doyon, Jean Lajeunesse, Gisèle Dufour. (Photo: Société Radio-Canada).

À Montréal, la veuve Joséphine Velder, son «fils-que», sa fille Élise et ses chambreurs forment une grande famille. Le simple fait de vivre dans la même maison entraîne cependant des petits conflits. Mais grâce à Philidor Papineau, son meilleur pensionnaire, la propriétaire maintient la barque à flot!

L<small>A PENSION</small> V<small>ELDER</small> *(1957-1961).* Comédiens : Gaétan Labrèche, Françoise Faucher, Jani Pascal, Lucie de Vienne. (Photo : André Le Coz, Société Radio-Canada).

Les «tourmentés»

À la toute fin de la série *Les belles histoires des pays d'en haut*, Donalda et Alexis se retrouvent en tête à tête. Donalda lui confesse qu'il aura été le seul homme qui ait compté dans sa vie. Alexis lui avoue ne jamais s'être endormi sans avoir pensé à elle.

Donalda a suivi fidèlement son destin et a accepté son sort. Mais Alexis, par ses fuites et ses atermoiements, a voulu maladroitement gérer sa destinée. Il est passé à côté de sa grande passion et n'aura jamais su jusqu'à quel point il en est responsable. Cette question continuera de le hanter toute sa vie. Ce tourment est devenu le coût de ses errances.

Madame Velder s'attache éperdument à un fils ingrat, incapable de voir jusqu'à quel point il l'exploite et la persécute *(La pension Velder)*. Paul-Émile Robitaille, dans *Le mors aux dents*, un homme au naturel conciliant et affable, se voit obligé de réprimander ses enfants délinquants. Bert, de *Septième nord,* doutera du bien-fondé de laisser Yolande retrouver son mari et sombrera à son tour dans l'alcool. Colette Jarry, de *Rue des pignons,* prend sur elle la «faute» de ne pas avoir d'enfant, cachant ainsi à sa famille la honte d'un mari stérile. Même problème chez Virgile, dans *Robert et compagnie,* face à sa propre stérilité.

Les tourmentés n'ont pas la partie facile. Ils ne bénéficient pas de la conviction indéfectible du martyr. Plus «ordinaires», ils expriment concrètement les malaises provoqués par la confrontation des valeurs traditionnelles et modernes. Parfaitement partagés, ils ramassent au passage le gros lot de peine et d'anxiété. Fifine, dans *Rue des pignons,* une pauvrette sympathique, veuve et mère de trois enfants, tombe simultanément amoureuse et enceinte. Angoisse totale: «Il ne voudra plus rien savoir de moi.» Elle n'ose même pas l'aborder, incapable de réaliser que ce genre de complication se discute aujourd'hui plus ouvertement qu'hier. Pacifique, dans *Cormoran,* incapable d'admettre d'abord qu'il puisse être amoureux de Flavie Bellavance, une femme de 20 ans sa cadette, et qu'il puisse l'épouser.

Pacifique Cormoran, l'aîné de la famille, est médecin et célibataire. Il aime les voyages, les plaisirs de l'esprit, l'astronomie et la pêche. La belle Flavie Bellavance devra s'armer de patience avant d'obtenir son cœur.
CORMORAN (1990-1993). Comédien: Raymond Legault. (Photo: Société Radio-Canada).

99

Cette magnifique réflexion de Flore, dans *Le parc des braves,* tiraillée entre deux amours: «Comment ça se fait que le bon Dieu nous a fait le cœur de même? Pourquoi il y a tant de place dedans? Pourquoi c'est faire qu'il y aurait tellement de secrets qu'on pourrait cacher là?» Aimé, dans *Robert et compagnie,* perd subitement son épouse et ses deux enfants dans un accident de la route; il s'enferme alors dans une dépression dont personne ne réussit à briser les murs. Lionel Rivard, dans *Scoop,* sombre dans l'alcoolisme parce qu'incapable d'assumer ouvertement son homosexualité.

Les tourmentés ne sont normalement pas prêts aux grands déchirements et aux détresses profondes. Mais la vie leur tombe dessus. Et aveuglés par leurs difficultés, ils ne peuvent entrevoir quelque chose de neuf, réaliser que le monde est en train de changer et que d'autres solutions existent désormais.

Les «perdants»

À la dernière émission du *Survenant*, le «grand dieu des routes» réapparaît au village. Angélina, qui l'attend depuis maintenant vingt ans, aperçoit de la fumée au-dessus de la maison du père Didace, maintenant abandonnée. Elle apprend ainsi le retour du Survenant. Puis celui qui va la rejoindre lui déclare son amour et son désir de s'installer auprès d'elle. Angélina

Angélina Desmarais, la vieille fille secrètement amoureuse du Survenant.
LE SURVENANT *(1954-1960)*. Comédiens : Béatrice Picard, Jean Coutu. (Photo : *Échos Vedettes*).

n'entendra rien: cette douce fille, que la Providence avait faite boiteuse et orpheline très jeune, a tout perdu: sa vie passée et future.

Comme les martyrs, les perdants représentent la nécessité des sacrifices. Mais à la façon des tourmentés, ils ont aussi voulu gérer leur destinée, détourner les événements en leur faveur. Ils croyaient en leur chance, mais ils ont mal joué.

À y regarder de près, le vrai personnage central de *L'héritage* n'est pas Xavier, ni Myriam, mais Miville, le fils aîné. Xavier le hait; il déteste ses manières lourdaudes, son peu d'intelligence et son obéissance pataude. Et plus son père le rejette, plus Miville s'accroche. Il lui devient servile, soumis, obséquieux. Miville Galarneau: le plus grand perdant de toute l'histoire des téléromans, tellement le pauvre type s'est défendu avec opiniâtreté...

Il ne faut pas confondre le méchant et le perdant. Quand Jérémie Martin meurt à la fin de *Sous le signe du Lion*, nous assistons à sa chute. Il ne perd pas, il tombe. Quand Jean-Paul Belleau se retrouve seul dans *Des dames de cœur*, il ne perd pas, il est tout simplement démasqué. Le vrai perdant est né perdant, mais il ne le sait pas.

Pourquoi fallait-il que Phonsine dans *Le survenant* épouse Amable, l'homme le plus impotent du village? Pourquoi Annette, la petite bonne chez les Martin, a-t-elle été séduite par Jérémie Martin dans *Sous le signe du lion*? Pourquoi «le curé» dans *Lance et compte*, le joueur le plus généreux du groupe, devait-il être celui qui perde sa femme? Ou Tintin dans *Scoop*? Pourquoi fallait-il que Marie-Louise, l'adorable amie de

Institutrice à la campagne, Blanche part à la conquête de la ville avec l'idée de devenir médecin. Le destin semble lui résister, on lui refuse la médecine en ce début du XXe siècle. Elle se retourne donc vers le cours d'infirmière où elle rencontre Marie-Louise, mais la fatalité les séparera.
BLANCHE *(1993).* Comédiennes: Pascale Bussières, Pascale Montpetit. (Photo: Michel Gauthier).

Blanche, se fasse frapper et tuer par un camion?

Les perdants attirent parfois compassion et tristesse. Mais ils représentent avant tout la fatalité. Ils sont les grands porteurs du destin auquel nous ne pouvons échapper. Ils expriment la limite des efforts de changement dans les téléromans. Parce qu'après tout, il faut que les histoires se poursuivent...

Les histoires et les décennies

Les histoires de cœur, les drames personnels, les complications de la vie quotidienne traduisent-ils à leur manière des questions plus générales, plus sociales, voire politiques? Et ce traitement correspond-il aux «humeurs» des différentes époques? Questions difficiles.

Les désobéissances bonhommes de Guillaume Plouffe n'ont rien de comparable avec la passion incestueuse de Galarneau dans *L'héritage*. C'est bien évident. Mais jusqu'à quel point y a-t-il correspondance entre l'évolution de ces drames et les «humeurs» des différentes époques?

À cette adresse vivent les Delisle, une famille bourgeoise de Montréal. De la mère capricieuse à l'aîné délinquant, chacun montre ici son petit caractère. Heureusement que l'oncle Albert apporte à ces tranches de vie animées de conflits une bonne dose de bon sens et d'humour!

14, RUE DE GALAIS (1954-1957). Comédiens: (de gauche à droite à partir d'en haut) Mariette Duval, Robert Desrochers, Marcel Cabay, Paul Hébert, Isabelle Richard, Edgar Fruitier, Robert Gadouas, Maurice Gauvin, Fanny Tremblay. (Photo: Société Radio-Canada).

AUTOUR DES ANNÉES 1950, LA CONTESTATION DE L'AUTORITÉ

Un vent nouveau se lève, idéaliste, utopique. Les Alliés triomphent, annihilant les Nazis, mais surtout le symbole même de la dictature. Gandhi, Mao, Nasser, Castro, Guevara, des mouvements de libération surgissent. De quoi nourrir abondamment les rêves et les ambitions des jeunes générations désormais plus urbaines et mieux informées des mouvements sociaux.

Des conflits de générations éclatent aussi dans cette fresque sur la jeunesse de la fin des années 1950.
DEMAIN DIMANCHE (1958-1959). Comédiennes: Louise Rémy, Denise Bombardier. (Photo: Société Radio-Canada).

Les conflits éclatent directement au sein des foyers. Jamais l'image des pères n'aura été autant attaquée. S'ils sont riches et puissants, ils deviennent automatiquement le symbole de la corruption véreuse. S'ils sont pauvres et démunis, ils deviennent les représentants de la démission de leur génération. Quoi qu'ils fassent, ils sont fautifs *(Beau temps, mauvais temps, Demain dimanche, Jeunes visages).*

La protestation remonte d'un cran; on s'attaque à la bourgeoisie. Des hommes insensibles et brutaux, des

femmes capricieuses, des enfants hypocrites, des séducteurs lubriques, des parvenus opportunistes, la salade est complète pour livrer de ce monde une peinture faite de corruption et de décadence *(14, rue de Galais, La balsamine, De 9 à 5, Sous le signe du lion)*.

Suite de sketches humoristiques mettant en vedette un jeune couple, Jean et Janette, et leurs enfants.
TOI ET MOI *(1954-1956)*. Comédiens : Janette Bertrand, Jean Lajeunesse. (Photo : André Le Coz, Société Radio-Canada).

Autour des années 1960, les désirs d'émancipation

« On est capable. » « Il faut que ça change. » Tout est remis en question. Le pays se construit à un rythme d'enfer, l'étatisation, l'éducation, la santé. On accueille le monde entier en 1967. Dans le contexte des affirmations euphoriques de la Révolution tranquille, il ne suffit plus de contester, mais de prendre sa place.

Après les pères, les maris sont mis en procès. Les femmes s'activent, travaillent, font reconnaître leurs droits, imposent leurs vues. Le discours féministe prend forme progressivement (*Toi et moi, Filles d'Ève, Septième nord*). Deux personnages féminins s'imposent subitement et passent à la légende (*Moi et l'autre*).

Les enfants emboîtent le pas et réclament leur part de responsabilités en faisant preuve d'une maturité souvent déroutante (*Joie de vivre, En haut de la pente douce, Le mors aux dents, Le pain du jour*). Tous les rôles familiaux se réorganisent autrement (*Quelle famille!*).

Dans l'atmosphère d'un hôpital, les médecins, infirmières, internes et patients de l'aile nord du septième étage partagent ici leurs angoisses, leurs peines et leurs joies.
On assiste à l'histoire d'un amour impossible: celui du D' Albert Quesnel et de garde Yolande Charron.

SEPTIÈME NORD (1963-1967). Comédiens: Jacques Godin, Monique Miller. (Photo: *Échos Vedettes*).

Autour des années 1970, à la recherche des bonheurs simples

L'après-Expo 1967 laisse traîner une humeur dépressive. Les rêves fous cèdent la place à des mouvements de plus en plus radicaux: Octobre 1970, la loi des mesures de guerre, des manifestations syndicales et politiques houleuses. On se réfugie dans de nouvelles philosophies, faites d'amour, de paix, de Beau Dommage, de retour à la terre et d'inhalations défendues.

Les luttes contre la fatalité et l'autorité prennent des allures plus discrètes, apparemment plus atténuées, mais dans le fond, tout aussi ambitieuses : ne jamais démissionner devant le malheur et surtout ne jamais se laisser emporter par le chagrin. La vie est difficile, mais pas noire *(Rue des pignons, Les Berger, La petite patrie, Avec le temps, Terre humaine, Race de monde, Dominique)*.

Les Tremblay ont cinq enfants et un chien, Macaire. Les peines d'amour de la plus vieille, la crise d'adolescence de l'avant-dernière, les folies du petit dernier : dans ce téléroman familial, chaque problème trouve sa solution par l'humour, la franchise et surtout, le dialogue. Dans cette scène, on peut voir les personnages de trois générations.
QUELLE FAMILLE ! *(1969-1974)*. Comédiens : Le chien Macaire, Martin Lajeunesse, Joanne Verne, Gyslaine Paradis, Robert Toupin, Janette Bertrand, Isabelle Lajeunesse, Jean Lajeunesse. (Photo : Société Radio-Canada).

Une part de rêve, de fantaisie inscrite dans le rire et la comédie nous mène à souhaiter une vie différente. C'est l'idéalisme des clowns prêts à tout pour décrocher la lune, teinté d'un réalisme ironique (*Cré Basile !*, *Symphorien*, *Du tac au tac*, *Jamais deux sans toi*, *Chez Denise*, *Les Brillant*).

Denise Dussault est propriétaire du restaurant *Chez Denise*. Elle dirige avec humour son personnel: le chef Firmin Lapalisse, son assistant Federico Morelli, le barman Jean-Paul Bordeleau, Patrice le plongeur et Thérèse la serveuse. Son voisin, le coiffeur, Christian Lalancette, a fait du restaurant sa seconde demeure.

CHEZ DENISE (1978-1982). Comédiens: André Montmorency, Benoît Marleau, Denise Filiatrault, Louisette Dussault. (Photo: Société Radio-Canada)

Autour des années 1980, les grands affrontements

Les résultats référendaires laissent un goût amer. La récession économique s'étire. Les grands espoirs de solidarité de la Révolution tranquille s'étiolent. Un nouveau libéralisme apparaît, forçant le monde à plus d'individualisme et de combativité. Le «Québec Inc.» s'impose.

L'ambition monte d'un cran. On fonce, prêt à tout renverser pour réussir (Lance et compte, Monsieur le ministre, L'or du temps, Jeux de société, L'or et le papier, Scoop).

Sophie DeBray et son frère Charles se disputent les entreprises familiales dans L'or du temps. De multiples intrigues se nouent entre les membres du clan DeBray et de leur entourage.

L'OR DU TEMPS (1985-1987). Comédiens: Angèle Coutu, Guy Godin. (Photo: Réseau TVA).

L'histoire d'une famille nombreuse dans un village des Basses-Laurentides en 1946. Jean-Marie Froment, 17 ans, s'intéresse à la mécanique et refuse de devenir bûcheron comme son père et son frère aîné. Il se résigne à s'établir à Montréal pour fuir la colère paternelle et réaliser son rêve. Plus tard, ses propres enfants s'opposent à ses idées. Comme en 1946, un conflit de générations éclate.

LE GRAND REMOUS *(1989-1991).* Comédiens : (de bas en haut) Sophie Gareau, Christian Poirier, Marie-Hélène Foisy, Normand D'Amour, Annie Houle, Majorie Smith, Jean-François Houle, Yannick Beaudoin, Louise Turcot, Manon Lussier, Jean-François Saucier, Éric Cabana. (Photo : Société Radio-Canada).

Moins de souplesse, moins d'acceptation, mais surtout moins de démission et d'abnégation. On s'affirme au risque de détruire des compagnons de toujours, des amants ou des parents (*La bonne aventure, Des dames de cœur, L'héritage, Robert et compagnie, Le grand remous, Cormoran, Les filles de Caleb*).

Autour des années 1990, l'éclatement de l'isolat culturel

La reconnaissance des sentiments nationaux et la coexistence avec d'autres cultures deviennent une question incontournable. Les résultats du dernier référendum mettent celle-ci bien en lumière. Multi-ethnicité, intégration, absorption, quelle direction adopter?

On pénètre dans des mondes plus secrets, inattendus où la présence d'autres cultures se confirme (Montréal P.Q., Les sorciers, Omertà, Lobby (1996), Marguerite Volant, Ces enfants d'ailleurs (1997).

De nouvelles figures riches et intenses, et surtout moins caricaturales, expriment diverses facettes culturelles en situation d'adaptation et rendent cette présence encore plus sensible et prégnante (Les héritiers Duval, Watatatow, Sous un ciel variable, À nous deux, 4 et demi, Jasmine).

Sous le ciel de la petite ville de Belmont dans les Cantons de l'Est vivent les Thompson, les Tanguay et les Rousseau.
On voit ici Benjamin Thompson et Adrienne Chevalier qui finiront par officialiser leur amour aux yeux de tous.
SOUS UN CIEL VARIABLE (1993 - EN COURS). Comédiens: Charlotte Boisjoli, Gilles Pelletier. (Photo: Société Radio-Canada).

Conclusion

UNE MÊME GRANDE HISTOIRE

Le secret du téléroman est d'être une vaste fresque avec des variations considérables de genre, d'écriture, de contexte. Mais une fresque dans laquelle les constantes réapparaissent: toujours des milieux qui nous sont familiers, toujours des héros qui plaident pour un sens profond de la liberté, toujours des méchants qui profitent au maximum de l'ordre établi pour s'imposer et surtout toujours le même enjeu: nous inciter à avoir confiance en nous-mêmes. Curieusement les téléromans plaisent parce qu'ils se répètent.

Chacun d'eux représente une variation sur un très vaste thème, dont nous pourrons explorer les facettes encore longtemps: voir émerger notre propre changement à travers des milliers de personnages aux prises avec autant d'intrigues.

Après toutes ces années, le téléroman au Québec reste orienté, tendu vers le même objectif. Il n'a pas été l'expression échevelée d'auteurs aux vues divergentes, ni l'expression décousue de réalisateurs tentés chacun à sa façon par une exploration artistique du média. Xavier Galarneau dans *L'héritage* ressemble beaucoup à Séraphin Poudrier. Les élans d'Ovila Pronovost dans *Les filles de Caleb* vers le bois et la liberté

Au sujet des *Filles de Caleb*

Vous rappelez-vous des excuses de Bernard Derome? Un jeudi soir, Les filles de Caleb venaient à peine de commencer. Voilà que le favori des informations apparaît à l'écran, le temps d'un bulletin spécial. C'est vrai qu'il y avait, à l'époque, la guerre du Golfe, mais de là à interrompre notre téléroman! Heureusement, Bernard nous a rassurés tout de suite. Avant d'annoncer que Saddam Hussein venait de lancer ses missiles, il nous a garanti qu'on pourrait voir la fin de l'épisode dans les meilleurs délais. Venant de lui, on ne pouvait pas faire autrement que de mieux prendre la nouvelle.

solitaire rappellent étrangement les pulsions mystérieuses du Survenant sur le quai à Sorel.

Pierre Lambert a connu la jeunesse vaillante d'un Guillaume Plouffe, tous deux de jeunes vedettes de notre sport national. Les quatre jeunes femmes des *Filles d'Ève* préparaient l'arrivée des personnages de *La bonne aventure*. Les projets ambitieux du curé Labelle pour la colonisation des pays d'en haut ont trouvé résonance dans les coups d'audace de Raymond Laflamme de *L'or et le papier*. Blanche Bordeleau dans *Blanche* a subi le même ostracisme en tant qu'infirmière que les «gardes» de *Septième nord*. Basile se faisait ramasser par sa femme, Alice, dans *Cré Basile!* aussi carré-

Dans un appartement du quartier Côte-des-Neiges vivent quatre jeunes femmes. Isabelle étudie en médecine, Brigitte est décoratrice d'intérieur, Gilberte travaille comme secrétaire et Diane suit des cours de danse. Loin de leur famille, les filles d'Ève découvrent les plaisirs et difficultés de la vie adulte.
FILLES D'ÈVE *(1960-1964)*. Comédiennes: (de gauche à droite) Lucille Gauthier, Lise L'Heureux, Monique Lepage, Andrée Lachapelle, Gisèle Dufour. (Photo: André Le Coz, Société Radio-Canada).

Quatre femmes qui approchent de la trentaine, Anne, Martine, Hélène et Michèle, mettent en commun leurs expériences afin de réussir leur vie. Elles sont tiraillées entre le rôle traditionnel que la société continue de leur assigner et leurs propres aspirations. Une amitié et une confiance solides se créent entre elles.

LA BONNE AVENTURE (1982-1986). Comédiennes: Christiane Pasquier, Nathalie Gascon, Michelle Léger, Joanne Côté. (Photo: Société Radio-Canada).

ment que Moman «place» Popa dans *La petite vie*.

Par ailleurs, bien des Myriam Galarneau, des Émilie Bordeleau et des Marguerite Volant n'ont plus accepté le sort de la «pauvre» Donalda Laloge...

Faire ressortir les désirs de changement à travers la continuité et construire ainsi une identité collective qui jette des ponts entre le passé et le futur. Telle est la réalité profonde du téléroman, sa vocation, son élan.

Au sujet du *Temps d'une paix*

Quand Joseph-Arthur faisait la cour à Rose-Anna dans Le temps d'une paix, *on avait droit à de savoureux moments de téléroman. Le cavalier pas mal entreprenant aurait bien aimé se marier avec la réticente veuve. Il paraît que la comédienne Nicole Leblanc aurait même reçu de judicieux conseils à ce sujet. Une téléspectatrice lui aurait dit: «Surtout, marie-toi pas!». Ça doit l'avoir fait réfléchir...*

> **Au sujet de L'héritage**
>
> *En marchant dans la rue, Yves Desgagnés, le Junior Galarneau du téléroman* L'héritage, *aurait reçu un coup de poing au ventre de la part d'une femme mécontente. Tout ça parce qu'elle trouvait que Junior n'était pas correct avec sa sœur Julie. L'histoire ne dit pas si le comédien a lancé son célèbre « Hostie toastée des deux bords ! » en recevant le coup.*

> **Au sujet de Lance et compte**
>
> *Dans le temps de* Lance et compte, *à l'épicerie, le jeudi à sept heures et demie, on aurait dit qu'il était neuf heures moins cinq. Tout le monde se dépêchait pour être à la maison à huit heures. Qu'est-ce qu'on n'aurait pas fait pour voir le beau Pierre Lambert jouer avec le National de Québec ! Ça a l'air que les mordus du hockey boudaient même le Colisée le jeudi soir…*

À cet égard, il existe une scène magnifique dans un des derniers épisodes des *Belles histoires des pays d'en haut*. Le gros docteur passe de la chambre à coucher à la cuisine où il retrouve Séraphin, Alexis et son épouse, Artémise. Il leur apprend que Donalda est sauvée d'une maladie grave. Séraphin remet cinq dollars au médecin et éclate en spasmes sanglotants. Alexis glisse à l'oreille d'Artémise qu'ils ont assisté à un miracle. Les cinq dollars ? demande Artémise. Non, réplique Alexis, Séraphin pleure…

De sa chambre, Donalda ne verra ni n'entendra ces sanglots. Mais elle souhaitait depuis toujours que sa détermination et son courage ouvrent enfin le cœur de son mari. Finalement le téléroman n'est-il fait que pour de telles réconciliations idéalistes ? Un rêve.

POUR EN SAVOIR PLUS...

BAILLARGEON, Jean-Paul, BÉLANGER, Pierre-C., CARON, André-H., DAGENAIS, Bernard, GIROUX, Luc, ROSS, Line, *Le téléspectateur : glouton ou gourmet ? Québec 1985-1989*, Québec, INRS, Institut québécois de recherche sur la culture, 1994.

BOUCHARD, Nathalie Nicole, «La popularité du téléroman québécois : le cas de *Lance et compte*», mémoire de maîtrise, Université du Québec à Montréal, 1990.

—, «La réception du téléroman québécois : *Scoop* et ses spectateurs», *Communication*, Vol. 14, n° 2, 1993, p. 247-259.

CROTEAU, Jean-Yves, sous la direction de VÉRONNEAU, Pierre, *Répertoire des séries, feuilletons et téléromans québécois de 1952 à 1992*, Cinémathèque québécoise / Musée du cinéma, Québec, Publications du Québec, 1993, 692 p.

DE LA GARDE, Roger, «Le téléroman québécois», communication présentée à l'Association canadienne de communication, Université Carleton, Ottawa, 3 au 5 juin 1993.

DESAULNIERS, Jean-Pierre, *La télévision en vrac : essai sur le triste spectacle*, Montréal, Éditions coopératives Albert Saint-Martin, coll. Communication, 1982.

—, «Télévision et nationalisme», *Communication et information*, 1985.

DE SOUZA, Licia Soares, *Représentation et idéologie. Les téléromans au service de la publicité*, Montréal, Éditions Balzac, coll. l'univers du discours, 1994, 275 p.

EDDIE, Christine, «Les belles histoires de nos téléromans», *Québec Français*, n° 55, octobre, p. 24-28, 1984.

LEGRIS, Renée, PAGÉ, Pierre, *Répertoire des dramatiques québécoises à la télévision : 1952-1977*, Montréal, Fides, 1977.

MÉAR, Annie, «Le Québec des téléromans», *Études de radio-télévision*, n° 30, sept. 1981.

NGUYÊN-DUY, Véronique, «Le réseau téléromanesque : analyse sémiologique du téléroman québécois de 1980 à 1993», thèse de doctorat, Université du Québec à Montréal, 1995.

NGUYÊN-DUY, Véronique, COTTE, Suzanne, «Le discours de presse sur les téléromans», *Communication*, vol. 16, n° 2, déc. 1995, p. 189-209.

ROSS, Line, «Les représentations du social dans les téléromans québécois», *Communication et information*, vol. 1, n° 3, automne 1976.

SAOUTER, Catherine, «Le téléroman, art de nouveaux conteurs : formes et influences du récit téléromanesque», *Recherches sociographiques*, vol. 33, n° 2, 1992.

AUTRES DOCUMENTS

— Les revues spécialisées et les magazines populaires suivants consacrent plus ou moins fréquemment des numéros spéciaux ou des articles aux téléromans : *TV Hebdo, TV Hebdo Téléromans, TV 7 Jours Téléroman, L'Actualité, Châtelaine*, etc.

— *En Vidéo : Restez à l'écoute !* Série documentaire de 4 émissions. Production SDA, Société Radio-Canada et Téléfilm Canada. 1990-1991. Conception et direction de la recherche : Jean-Pierre Desaulniers.

— Rapports de recherche déposés au Musée de la civilisation, Québec :

DESAULNIERS, Jean-Pierre, «Le téléroman québécois. Aperçus de son histoire», 31 octobre 1994, 120 p.

NGUYÊN-DUY, Véronique, «Le téléroman québécois. Bibliographie thématique», 29 août 1994, 47 p.

—, «La situation du téléroman québécois dans la production mondiale de fiction sérielle à la télévision», 24 septembre 1995, 70 p.

—, «L'évolution de la critique du téléroman. Le discours des intellectuels et universitaires québécois», 20 octobre 1995, 51 p.

TABLE DES MATIÈRES

- 3 AVANT-PROPOS
- 4 PRÉFACE
- 7 INTRODUCTION

Chapitre 1
- 11 QUAND LE CHANGEMENT DEVIENT UNE NÉCESSITÉ

Chapitre 2
- 23 UN CADRE DE VIE SPÉCIFIQUE
- 29 Une géographie et une histoire
- 33 Une illustration variée du tissu social
- 36 Une galerie de personnages
- 39 Des styles, eux aussi, fort variés

Chapitre 3
- 47 LE SYMBOLE DE LA LIBERTÉ
- 50 Les «indépendants»
- 53 Les «sages»
- 56 Les «entreprenants»
- 62 Les «innocents»

Chapitre 4
- 71 LE MAL
- 74 Les «durs»
- 78 Les «rétrogrades»
- 82 Les «faux»

Chapitre 5
- 91 LE REJET DE LA RÉSIGNATION
- 94 Les «martyrs»
- 98 Les «tourmentés»
- 101 Les «perdants»

- 113 CONCLUSION

Encadrés
- 17 Une production exceptionnelle
- 17 Téléroman ou télésérie ?
- 18 Coups de cœur et cotes d'écoute
- 20 Téléroman ? Un terme typiquement québécois
- 42 Les téléromans parlent-ils seulement de nos petites vies ?
- 44 Des sites touristiques s'inspirent des téléromans. Faut-il s'en étonner ?
- 66 Qui peut prétendre être «lu» par au moins deux millions de personnes chaque semaine ?
- 67 On se ressemble ou on se distingue ?
- 84 La presse écrite et les téléromans
- 86 Le mythe du gagnant
- 88 Pour se débarrasser d'un préjugé
- 89 Leurs jurons et expressions familières
- 104 Les histoires et les décennies
- 118 POUR EN SAVOIR PLUS…

LISTE DES PRINCIPAUX FEUILLETONS, SÉRIES ET TÉLÉROMANS PRODUITS ET DIFFUSÉS AU QUÉBEC

LES ANNÉES 1980

Titre	Diffuseur*	Début	Fin	Auteur(s)
Boogie-woogie 47	SRC	1980	1982	Claude Jasmin
Marisol	TVA	1980	1983	Micheline Bélanger, Gérald Tassé
Le temps d'une paix	SRC	1980	1986	Pierre Gauvreau
Les girouettes	SRC	1981	1983	Jean Daigle
Métro-boulot-dodo	SRC	1982	1983	Louise Bureau, Réal Giguère, Claude Jasmin
Une vie…	TVA	1982	1985	Jean-Marc Provost
Les Moineau et les Pinson	TVA	1982	1985	Georges Dor
Monsieur le ministre	SRC	1982	1986	Michèle Bazin, Solange Chaput-Rolland
La bonne aventure	SRC	1982	1986	Lise Payette
Peau de banane	TVA	1982	1987	Christian Fournier, Guy Fournier
Belle rive	TVA	1983	1985	Réginald Boisvert, Anne-Marie Cloutier
La vie promise	SRC	1983	1985	Marcel Dubé
Poivre et sel	SRC	1983	1987	Gilles Richer
Le 101 ouest, avenue des Pins	SRC	1984	1985	Denise Filiatrault
Le parc des braves	SRC	1984	1988	Fernand Dansereau
À plein temps	SRC	1984	1988	Joanne Arseneau, Élizabeth Bourget, Jean Daigle, Renée Gingras, Paule Marier, Marie Perreault, Michèle Poirier, Louise Roy, Francine Tougas
Épopée rock	TVA	1984	1990	Caroline Bouffard, Monique Saintonge
Entre chien et loup	TVA	1984	1992	Raymonde Descôteaux, Aurore Dessureault-Descôteaux
Un amour de quartier	SRC	1985	1985	Claire Wojas
L'agent fait le bonheur	SRC	1985	1987	André Dubois, Ubaldo Fasano
Manon	SRC	1985	1987	Suzanne Aubry, Guy Fournier, Jean-Raymond Marcoux, Francine Ruel
Paul, Marie et les enfants	SRC	1985	1987	Jean-Paul Le Bourhis
L'âme sœur	TVA	1985	1987	Georges Dor
L'or du temps	TVA	1985	1993	Réal Giguère
La clé des champs	SRC	1986	1987	Michel Faure
Des dames de cœur	SRC	1986	1989	Lise Payette, Sylvie Payette
Lance et compte (I)	SRC	1987	1987	Louis Caron, Réjean Tremblay
Rachel et Réjean Inc.	SRC	1987	1988	Louis Caron, Anne Dandurand, Claire Dé, Jacques Marquis
Un homme au foyer	TVA	1987	1988	André Dubois, Ubaldo Fasano
La maison Deschênes	TQS	1987	1989	Danielle Aubry, Suzanne Aubry, Jocelyne Beaulieu, Janette Bertrand, Damiane, Bernard Dansereau, Jean-Pierre Liccioni, Annie Piérard, Raymond Plante, François Renaud, Léopold St-Pierre, Denis Thériault
Bonjour docteur	SRC	1987	1989	Roger Fournier
Robert et compagnie	SRC	1987	1989	Michel Dumont, Marc Grégoire
Semi-détaché	TVA	1987	1989	Gisèle Bourret, Christian Bédard, Laurent Gagliardi, Vincent Glorioso, Jean-Pierre Liccioni, Vincent Martineau, Marco Micone, Francisco Moscato
L'héritage	SRC	1987	1990	Victor-Lévy Beaulieu
Chop suey	TVA	1987	1994	Christian Fournier, Ginette Tremblay
Lance et compte (II)	SRC	1988	1988	Jacques Jacob, Réjean Tremblay
Formule 1	TVA	1988	1988	Miklès Boldizsar, Robert Geoffrion, Bondfield Marcoux, Sylvain Saada, Carlos Saboga
Ma tante Alice	SRC	1988	1989	Marcel Gamache